HRD를 시작하는 당신에게

충분히 잘 해낼 수 있습니다

HRD를 시작하는 당신에게

충분히 잘 해낼 수 있습니다

김희봉 지음

planb
DESIGN

프롤로그

HRD라는 길을 함께 걷고 있는 당신에게

2015년 2월 2일, 2년 계약직으로 입사했습니다. 마흔둘, 좋은 회사지만 계약직으로 입사를 결정하기에는 적지 않은 나이였습니다. 그리고 입사의 기쁨과 동시에 2년 후를 준비해야 한다는 걱정도 마음 한구석에 자리 잡고 있었습니다. 그날 아침 저는 이렇게 두 가지 감정을 지닌 채 사무실 의자에 앉았습니다.

그때로부터 어느덧 8년이라는 시간이 흘렀습니다. 저는 지금 구성원들을 위한 교육 프로그램을 개발하고 강의와 연구를 하면서 지내고 있습니다. 8년 전에 입사한 그 회사에서. 계약직도 아닙니다. 계약이 만료될 즈음, 정규직으로 전환되었습니다. 물론 주변에서의 인정과 지원 그리고 도움이 컸습니다.

십여 년 전, 전역을 하면서 공부를 시작했습니다. 서른여섯 나이에 박사과정이었습니다. 학령기에 접어든 두 아이의 아빠이자 남편으로서 안정적인 수입이 없이 공부를 시작한다는 것은 쉽지 않은 결정이었습니다. 아내가 보내 준 믿음과 응원이 없었다면 시도조차 할 수 없었던 일이기도 했습니다.

결정을 내리기 전, 군軍에 있을 때 가르침을 주셨던 교수님들과 상담을 했습니다. 제가 처한 상황을 잘 알고 계신 분들이었습니다. 예상치 못했지만 세 분의 교수님 모두 한 치의 망설임도 없이 공부를 시작하라는 이야기를 하셨습니다. 공부가 곧 자신에 대한 확실한 투자이고 미래가 될 것이라고 했습니다.

가족과 교수님들의 응원에 힘입어 결정을 내리기는 했지만 해결해야 하는 또 다른 문제 앞에 직면했습니다. 가치나 의미, 목적과 방향 등과 같은 이상적인 문제가 아니라 학비와 생활비 등과 같은 현실적인 문제였습니다. 계산기를 두드려 봐도 해결이 쉽지 않았습니다.

뜻이 있으면 길이 있다고 했던가요? 학비가 먼저 해결되었습니다. 장학금을 받게 된 것입니다. 다음으로 공부를 하면서 다양한 프로젝트에 참여할 수 있는 기회가 생겼고 이에 더해 학부생을 대상으로 강의도 하게 되었습니다. 지도교수님의 배려와 신뢰가 컸습니다. 덕분에 3년 반 동안의 박사과정을 무사히 마치고 졸업을 했습니다. 그 때가 2013년 2월이었습니다.

학위논문을 마무리하고 감사의 글을 적는데 지금까지 물심양면으로 도움을 아끼지 않은 분들이 주마등처럼 스쳐 지나갔습니다. 가족은 물론이고 군에 있을 때의 지휘관, 선배, 후배 그리고 학우와 친구들. 비록 몇 장의 지면에 남긴 짧은 감사의 글이지만 지금의 저를 있게 해준 분들을 오래도록 기억하고 싶었습니다. 그리고 지금도 가끔씩 그 글을 읽어보며 초심을 다잡고 있습니다.

상대적으로 늦은 나이에 시작한 공부였지만 덕분에 많은 분들을 알게 되었습니다. 프로젝트를 하면서 다양한 회사와 기관에 계신 분들과의 만남도 이루어졌습니다. 그 만남은 또 다른 만남으로 연결되었고 한 분 한 분으로부터 업무적으로나 관계적으로나 배운 점들이 많았습니다.

한 번의 만남을 소중히 생각했습니다. 명함을 주고받으면 먼저 연락을 드렸고 프로젝트가 마무리된 이후에도 간간이 안부 인사를 전했습니다. 그렇게 이어진 인연은 지금도 이어지고 있으며 이제는 경우에 따라 도움을 드리기도 합니다. 요즘에는 만나면 당시의 추억을 떠올리며 함박웃음을 짓습니다.

이에 더해 직무와 관련된 소중한 경험들도 할 수 있었습니다. 이를테면 다양한 조직문화와 새로운 콘텐츠들을 접할 수 있었습니다. 만일 한 조직에 머물러 있었다면 경험하기 어려운 일들이었습니다. 대부분 처음 해보는 일들이었지만 팀으로 움직였기에 가능했습니다.

부족한 부분에 대해서는 채워나가려고 노력했고 기여할 수 있는 부분에 대해서는 최선을 다했습니다. 그렇게 한 걸음 한 걸음씩 실력과 경험을 쌓아나갔고 이 모든 것은 온전히 저의 자산이 되었습니다. 늦었다고 생각했을 때가 가장 빠르다는 말을 실감했습니다.

그러나 공부를 시작할 때 다른 사람들보다 한참 늦게 출발했다는 생각에 조바심도 생겼고 불안하기도 했습니다. 지금 되돌아보니 하나만 알고 둘은 몰랐던 생각입니다.

공부를 먼저 하고 사회로 나가 경험을 쌓는 길도 있지만 사회에 나가 경험을 먼저 쌓고 공부를 하는 길도 있었던 것입니다. 두 가지 길이 있었는데 저는 두 번째 길을 갔던 것입니다. 그리고 그 길의 끝은 서로 맞닿아 있었습니다. 이제라도 알게 되어 감사합니다. 적어도 저와 같은 상황에 처한 후배들이 있다면 확신을 가지고 이야기해 줄 수 있게 되었다는 점에서 말입니다.

군軍에서의 전역을 결심하고 사회로 나갈 때 두 가지를 생각했습니다. 먼저 관심있는 분야를 선택하겠다는 것이었습니다. 관심이 있어야 몰입할 수 있고 몰입할 수 있어야 성과도 기대해 볼 수 있다고 생각했습니다. 관심은 어려움을 극복할 수 있는 원동력이 되고 지속성도 보장할 수 있다는 생각도 있었습니다.

저의 관심은 HRDHuman Resource Development, 즉 인적자원개발 분야였습니다. 이러한 관심은 학부와 석사 전공에서 비롯되었습니다.

다음으로는 강점을 찾아보겠다는 것이었습니다. 이 점은 군軍 경험에서 찾았습니다. 정훈병과 장교로 근무하면서 상대적으로 강단에 설 기회도 많았고 글을 써야 하는 일도 많았습니다. 타고난 재능은 아닐지언정 수년 동안 켜켜이 쌓인 경험에서 결국 나의 강점을 찾을 수 있었습니다.

강점은 먼 곳에 있지 않았습니다. 일상에서 제가 하고 있는 일에 숨겨져 있었습니다. 그동안 찾으려 하지 않아서 보이지 않았을 뿐이었습니다. 찾고자 하는 생각을 하면 서서히 보이기 시작합니다. 그리고 보면 수많은 책에서 이야기하고 있는 내용들이 틀림없는 듯합니다.

관심 분야와 강점에 대한 생각을 정리하고 나니 두근거림을 느끼게 되었습니다. 두근거림은 준비가 되어 있지 않거나 자신감이 없는 순간에 나타나기도 하지만 설렘의 순간에도 나타납니다.

저는 이 두근거림을 기회가 왔다는 신호로 재정의 해봤습니다. 그리고 또 다른 도전의 원동력이 생겼다는 것으로 생각하면서 피하지 말고 즐기고자 했습니다. 한결 마음이 가벼워졌습니다.

HRD분야에 몸 담은 지 20여년 가까이 되는 시간이 흘렀습니다. 그동안 저는 성장했습니다. 외적인 측면에서의 성장일 수도 있지만 누군가에게 유용한 무언가를 기여할 수 있는 상태가 되었다는 측면에서의 성장입니다.

저는 관심을 가졌던 분야에서 강의를 하고 글을 쓰고 연구를 하고 있습니다. 직업적인 측면에만 국한되어 있지 않습니다. 저를 필요로 하거나 찾는 곳이 있다면 감사한 마음으로 다가갑니다. 제 스스로도 만족하고 다행스럽게 함께 있는 이들로부터도 긍정적인 반응을 얻고 있습니다.

닉 채터Nick Chater는 그의 책 '생각한다는 착각원제: The Mind is Flat'에서 결과를 알기 위한 유일한 방법은 한 번 시도해보는 것이라고 했습니다. 맞는 말입니다. 저 역시 시도해봤고 결과를 알게 되었습니다.

어떤 일이든지 처음이 어렵습니다. 낯설기도 하고 불안하기도 하며 익숙하지 않습니다. 미루고 싶을 때도 있습니다. 이것은 너무나 당연한 일이고 누구에게나 마찬가지입니다. 저 역시 그랬습니다.

그런데 제가 했던 선택은 시도하는 것이었습니다. 못하겠다고 생각하면 할 수 없는 이유들이 수도 없이 떠오릅니다. 반면 하겠다고 생각하면 할 수 있는 방법들이 곳곳에서 생겨납니다. 더군다나 자신을 도와줄 수 있는 사람, 즉 귀인貴人들도 나타납니다. 하늘은 스스로 돕는 자를 돕는다는 것은 선언적인 말이 아니라 사실입니다.

그래서 저와 같이 HRD분야에 계신 분, HRD에 관심을 갖고 계신 분 그리고 앞으로 HRD를 하고자 하는 분들께 그동안의 경험과 느낌을 담은 편지를 전합니다. 비록 손편지는 아닐지언정 한 글자 한 글자 정성을 담아 썼습니다.

2030으로부터 받은 답장

누구에게나 처음은 있습니다. 늘 그렇듯 처음은 설레기도 하지만 긴장되기도 하죠. 앞장서서 누군가가 나를 끌어주기를 원하기도, 스스로 끊임없이 질문하며 성장을 고민하기도 합니다. HRD를 시작하는 이들에게 보내는 편지는 저자의 마음을 느낄 수 있습니다. HRD를 하고자 하는 사람들이 가져야 할 마음이기도 합니다. HRD의 길을 함께 걷는 사람들을 아끼는 마음, 저자의 암묵적인 그리고 명시적인 생각을 공유하고자 하는 정성, '시작'이 어려운 사람들에게 가볍게 다가가고자 편지의 형식을 빌리는 배려, 이미 오랜 시간 HRD의 길을 업으로 삼고 있는 사람들에게는 초심을 생각하게 하는 동기부여. 저자가 얼마나 꾸준하게 그리고 정성스럽게 고민하고 작성했는지 이 편지 안에 고스란히 담겨있습니다. 그 마음이 읽는 내내 느껴져서 감탄했습니다. 가볍게 읽기 시작했지만 울림은 가볍지 않은 이 편지는 세상의 수많은 HRD를 하고 싶은 사람들에게 '처음'을 이끌어주는 가이드라인이 되기도 하고 성장을 함께 고민해주는 친구가 될 것입니다.

김정민_현대위아

HRD를 학문으로 처음 접한 이들은 항상 현장 경험에 대한 갈증과 궁금증이 있을 것이다. 이 책은 HRD를 시작하는 이들에게 현장의 목소리에 재미를 더하여 나아갈 방향을 안내해주는 조력자와 같은 역할을 한다. 또한 나와 같이 학교 교육 현장 경험을 가지고 있으며 HRD를 학문으로 처음 접하게 된 이들에게는 '학습 및 교육'에 대해 확장적인 사고를 넓혀주는 기회가 되리라 생각한다. 마지막으로 HRD를 연구하고 싶은 연구자 그리고 현업에서 업무를 시작하는 이들에게 HRD의 연구주제를 던져주고 현업에서 한 단계 더 성장할 수 있는 내용들을 제시하고 있다.

김보영_교육공학 박사과정, 前한국교육개발원

HRD를 직무로 사회에 첫발을 내딛으며 많은 고민을 안고 있던 순간, 이 책을 만나게 되었다. 책장을 넘길수록 HRD를 선택하게 된 이유를 다시 한 번 상기하도록 하고 HRD에 대한 작가의 철학을 통해 나의 선택에 확신을 심어주었다. 또한, HRD 업무를 담당하며 발생할 수 있는 고민들을 공유하며 이에 대한 방향성을 안내한다. 나아가 HRD를 시작하는 이들에게 비교적 어려울 수 있는 전문 용어들을 쉽게 설명하여 해결에 대한 방향성을 구체화할 수 있도록 도와주는 책이다. HRD를 시작하거나 HRD 직무를 수행하며 새로운 변화를 추구하는 이들에게 이 책은 시작했을 때의 떨림과 열정을 안겨줄 것이라 확신한다. 더불어, 책의 내용은 그들에게 피가 되고 살이 될 것이다.

노아영_고려대학교 교수학습개발원

일에는 경제생활을 위한 Job(직업) 레벨, 개인 성장을 위한 Career(경력) 레벨, 마지막으로 이 일이 나의 천직이고 사명감을 느끼는 Calling(소명) 레벨로 구성되어 있다고 합니다. 저는 경력을 넘어 타인을 성장하게 하고 행복하게 해주겠다는 사명감으로 늦은 나이에 HRD 분야로의 학업을 다시 시작하였습니다. 그러나 소명을 좇느라 엔지니어라는 안정적인 직업과 경력을 뒤로한 것이 옳은 선택이었을까 하는 불안감과 학교에서는 알 수 없는 HRD 현장에 대한 막연함이 HRDer에 대한 확신을 깎아내렸습니다. 그러다 저자의 편지를 마주하게 되었습니다. 저자는 편지를 통해 제가 가는 방향이 옳은 방향이라고 과거 고민을 통해 저를 위로하였고, 경험들을 통해 저에게 확신을 주었습니다. HRDer의 HRDer가 되어주고자 정성스레 써 내려간 저자의 편지를, 타인의 행복이라는 숭고한 소명으로 HRD 꿈을 키워나가는 HRDer에게 두 손 모아 추천 드립니다.

신승훈_교육공학 석사과정, 前GS칼텍스

이 시대에 맞는 HRD의 모습, 그 안에서 변하지 않는 가치와 변해야 할 가치는 무엇일까? HRDer로서 살아가는 이들에게 '정답'이 아닌 스스로 던져야 할 '질문'이 무엇인지 깨닫게 해준다. 본질을 날카롭게 꿰뚫으면서도, 참으로 다정하게 쓰인 글이다. 그래서 특히 HRDer의 여정을 막 시작한 이들에게 추천한다. 든든한 HRD 선배로서, 그 길에 다정히 발맞춰 나아갈 방향을 제시해주니 말이다.

최여명_NHR(대학내일)

저자를 처음 만난 건 그룹 인재개발원 캠퍼스였습니다. 어느 누구보다 HRD에 대해 사명감과 신념을 가지고 강의를 하신 모습이 아직도 눈에 선합니다. 저자는 단순히 강의를 하는 게 아니라 HRD의 가치를 알고 전파하는 분 같았습니다. HRD담당자로서 고민하고 힘들 때가 있는데, 저자의 책을 통해 고민이 해결되는 순간들이 있었습니다. 저에게 있어 이 책과 저자는 HRD 멘토 그 이상입니다. HRD의 길을 걷고자 하는 분, HRD를 시작한지 얼마 지나지 않은 분 혹은 HRD 길을 걸으며 방황하는 분 모두가 쉽게 이해할 수 있는 이 책을 통해 저자의 HRD의 길을 함께 따라가 보시길 추천 드립니다.

차태현_현대위아

이 편지들은 현업에 있는 HRDer의 마음가짐부터 이론까지 100% 필수불가결한 내용으로 구성되어 있습니다. 실제 현업에 있는 담당자들도 목마른 내용으로 구성되어 있어 HRDer를 준비하고 있는 사람들에게는 지금 당장 혹은 나중에라도 꼭 되새김질할 수 있는 글들입니다. 이 내용을 확인하고 글을 적고 있는 저 역시도 제 자리에 꽂아두고 찾아볼 것이며 새로 들어오는 팀원들에게 모두 이 책을 필독서로 선정하여 읽기를 권하고자 합니다.

유수한_(주)퍼브

저자는 늘 지식을 기록으로 남기고 오히려 강의실 밖에서 더 많은 사람들에게 자신의 생각과 정리된 정보를 전달하는 사람으로 살고 있음을 지켜봤습니다. 저도 그 지식 나눔의 수혜자 중 한 명이었습니다. 저에게는 책의 곳곳에서 계속해서 같은 메시지가 읽혔습니다. 어떤 페이지를 펴도 이렇게 말하고 있었기 때문입니다. "여러분, 제 일은 정말 재미있고 의미 있으며 저는 늘 더 잘하고 싶어요. 저와 같은 고민이 있으신 분이 있다면 이렇게 하면 더 잘할 수 있게 되는데 도움이 되고 이런 것도 알고 있으면 이 일을 오래 하는데 도움이 될 겁니다." 이 글을 읽는 분들이 어떤 영역에서 일을 하고 있든지 해당 분야의 역량을 쌓기 위한 노력과 그 과정을 끊임없이 추구할 뿐이라는 것을 아는 사람이라면 이 책이 안내하고 있는 방식에 고개를 끄덕일 것입니다.

최한나_스마일게이트 D&I(Diversity&Inclusion)실

목차

1부

HRD, 이렇게
생각해봤어요.

HRD를 하면 행복할까요?

'다시 태어난다 해도 이 길을'

고시 합격이란 목표를 설정하고 이 목표를 달성하기 위하여 불굴의 의지와 피나는 노력으로 결실을 거둔 고시 합격생의 생생한 체험수기를 다룬 책의 제목입니다. 주어와 서술어도 없고 마침표도 없는 불완전한 문장이지만 저에게는 그 어느 문장보다도 강한 공감대가 형성되는 것 같습니다.

그 이유는 저 역시 다시 태어난다 해도 지금 걷고 있는 길, 즉 인재개발HRD, Human Resource Development 분야를 걷는데 주저하지 않을 것이기 때문입니다.

HRD, 첫 발을 내딛을 때에는 잘 몰랐지만 걸으면 걸을수록 매력적인 길임이 분명합니다.

'행복을 주는 사람'

해바라기라는 남성 듀엣이 부른 곡의 제목입니다. 노랫말을 몇 자 옮겨보면 다음과 같습니다. 내가 가는 길이 험하고 멀지라도 그대 함께 간다면 좋겠네. (중략) 이리 저리 둘러봐도 제일 좋은 건 그대와 함께 있는 것. 그대 내게 행복을 주는 사람...

저는 이 노랫말에서 HRD를 하는 사람으로서의 매력을 찾을 수 있었습니다. 타인에게 행복을 주는 사람, 행복을 주기 위해 고민하는 사람, 정말 매력적이지 않나요?

저는 제가 하고 있는 분야에서 크게 보면 두 가지 측면에서 행복을 드리고자 노력하고 있습니다.

하나는 교육과정 개발입니다. 제가 직접 개발하거나 개발에 참여한 교육과정을 듣고 자신에게 부여된 직책과 직무를 보다 수월하게 수행할 수 있게 된다면 작지만 행복을 드리는 것이 아닐까요?

또 하나는 강의입니다. 저와 함께 하는 시공간에서 즐거움을 느끼면서 스스로 자신감을 갖고 하고자 하는 의지가 생기며 동기가 부여된다면 이 역시 행복을 드리는 것이라고 생각됩니다.

이를 위해 초기 아이디어 구상에서부터 과정 및 교수학습방법 설계, 수정 및 보완, 과정의 흐름 등이 나름 치열하고 복잡하게 전개됩니다. 그리고 강의에 대한 리허설은 대개 자동차 안에서 이루어집니다.

제가 맡은 강의가 있다면 운전하는 시간 동안 제 앞에 교육생이 있다고 생각하고 강의내용이나 흐름을 비롯해서 발음, 말하는 속도, 유머 등이 자연스러워질 수 있도록 연습합니다. 일종의 마인드 컨트롤이기도 합니다.

이런 방식으로 지난 시절 제가 해왔던 업무들을 되돌아보았습니다. 그런데 생각만큼 많은 분들에게 크나 큰 행복을 드리지는 못한 듯합니다. 다만 '작고 소소한 행복만큼은 드렸지 않을까?'라고 조심스레 생각해봅니다.

사실 매번 드는 생각이지만 작고 소소한 행복을 넘어 조금 더 큰 행복을 드리고 싶습니다. 물론 그렇게 되려면 하고 있는 일에 계속 관심을 가지고 무엇인가를 준비해야 합니다.

또한 기대하는 수준 이상의 In-put도 필요합니다. 잘 아는 바와 같이 양질의 In-put이 없으면 Out-put 역시 기대하기 어렵습니다. 그래서 저 나름대로는 사람, 책, 여행 등을 통해 부족함을 채워보려고 노력 중입니다.

'당신으로 인해 행복했다.'
'당신과 함께 해서 행복했다.'

제가 하고 있는 일을 통해 누군가로부터 이런 말을 듣는다면 너무 행복하겠죠?

저는 이런 상상을 하는 것만으로도 행복해집니다. 그리고

HRD 분야에서 이와 같은 상상을 현실로 만들어가는 것이 바로 저의 업무이기도 합니다.

제가 생각하는 HRD, 쉽지는 않겠지만 그렇다고 불가능한 것도 아니라고 생각합니다.

'劍短知則 一步前進검단지즉 일보전진. 與件不備 努力倍加여건불비 노력배가'

검이 짧다고 생각되면 한 걸음 더 나아가고, 자신에게 주어진 여건이 부족하다면 노력을 더하라는 의미입니다.

이런 마음으로 한 걸음 한 걸음 나아간다면 저를 비롯해서 많은 분들이 행복해지리라 생각합니다. 그것이 비록 제가 하고 있는 일과 같은 분야가 아닐지라도 말이죠.

◆ HRD

인적자원개발Human Resource Development, HRD은 근로자들의 생산성 향상을 위해 현장에서 발생한 실용적이며 실천적인 학문 분야입니다. HRD 분야의 정확한 발생 시점에 대해서는 학자들마다 의견이 다양하지만 제2차 세계대전 중 미국의 전시인력위원회The War Manpower Commission에서 설립한 TWITraining Within Industry가 현대 HRD 분야의 모습을 갖추는데 중요한 전환점 역할을 했다는 사실에 많은 이들이 동의하고 있습니다.

이후 1958년 미국 조지 워싱턴 대학에서 최초로 인적자원개발 석사학위 과정이 개설되었고 1993년 인적자원개발 학회Academy of Human Resource Development, AHRD가 설립되면서 HRD 분야는 학문적 지식 생산 체계를 갖추고 독립적인 학문 영역으로 오늘날까지 발전해 왔습니다.

학문 영역으로는 비교적 짧은 역사를 지니지만 HRD는 두 개 이상의 학문 분야가 융합되어 새로운 분야가 만들어지는 것을 의미하는 학제성interdisciplinary의 특징을 바탕으로 양적 질적으로 빠르게 성장해 왔습니다.

선행연구에 따르면 HRD는 경영학, 경제학, 심리학, 교육학 등 타 분야의 개념과 이론을 차용하고 통합하여 학습과 성과 향상이라는 분야의 목적을 추구하였으며 HRD와 관련한 현상을 연구하고 있습니다.

from 이재영, 백평구(2022). HRD분야 국내 학술지 논문 인용과 피인용 자료를 활용한 HRD의 학제성 탐색, HRD연구, 24(3), 1-35.

◆ 교수설계모델

교수설계instructional design는 학습자 개개인에게 특정한 학습 성과가 나타나는 것을 뒷받침하고 촉진하기 위하여 학습의 원리와 이론 그리고 공학적 원리와 기법을 수업과정에 적용하여 수업 절차, 자료, 방법을 체계적으로 계획하고 개발하는 과정으로 정의됩니다.

이는 교육자가 효과적으로 수업을 전개하기 위해서 언제, 어떠한 교수방법과 전략을 적용할 것인가를 계획하고 구사하는 전체적인 과정이라고 할 수 있습니다.

일반적인 교수설계 모델에는 에디ADDIE 모델, 딕과 케리Dick & Carey 모델, MRKMorrison, Ross, Kemp 또는 켐프Kemp 모델, 어슈어ASSURE 모델 등이 있는데 대부분의 현존하는 다른 교수 설계 모형은 ADDIE 모형에서 파생된 것이거나 이를 변형시킨 모형이라고 할 수 있습니다.

여기서 다른 모형은 ADDIE모형을 세분화한 Dick & Carey나 Kemp의 교수설계 모형을 의미하고 ADDIE의 발전된 형태로 꼽히는 것은 래피드 프로토타이핑RP: Rapid Prototyping입니다.

from 최재황(2016). 정보리터러시 교육의 교수설계 모델 분석,
사회과학연구, 27(4), 163-180.

HRD의 어떤 면이 재미있나요?

조직에서 인재를 육성한다는 것은 말처럼 쉬운 일이 아닙니다. 단 네 음절로 간결하게 표현된 '인재육성'이라는 단어에는 수많은 함의가 담겨있기 때문입니다.

인재육성을 한다는 것의 기저에는 인재에 대한 철학을 비롯해서 기대하는 인재에 대한 이미지 그리고 인재육성의 기준과 틀, 방법 등이 자리 잡고 있습니다.

아울러 해당 조직의 비즈니스적인 측면에서 볼 때 육성된 인재가 어느 시점에서 어떻게 기여해야 할 수 있는지 등과 같은 전략적이고 거시적인 접근도 고려되어야 하는 것은 당연합니다.

이뿐만이 아닙니다. 인재육성을 한다고 하면 투입되는 비용도 만만치 않고 이를 지속적으로 지원할 수 있는 인적·물적 시스템도 뒷받침되어져야 합니다. 인재육성은 단기간에 해결되지 않기 때문입니다.

일반적으로 인적자원개발HRD, Human Resources Development의 영역은 개발대상이 개인인지 조직인지에 따라 그리고 개발기간이 장기적인지 단기적인지에 따라 개인개발, 성과관리, 경력개발, 조직개발 등으로 구분됩니다.

이 중 성과관리, 경력개발, 조직개발 등과 같은 영역에서는 HRD에 국한되지 않고 여타의 부문이나 조직의 영향을 받아왔습니다. 이 영역의 활동들은 구성원 개개인의 요구를 넘어 조직의 요구나 정책, 제도 등과 연결되어 있기 때문입니다.

하지만 개인개발 영역은 상대적으로 타 부문의 영향을 덜 받아왔는데 이는 개인개발의 영역이 HRD가 직접적으로 관여하고 주도할 수 있는 독립적인 영역으로 인식되기 때문입니다. 교육과정이나 프로그램을 개발하고 전달하며 평가하는 등과 같은 일련의 활동들을 떠올려보면 됩니다. 적어도 지금까지는 그렇습니다.

그런데 이러한 양상은 점차 변화되고 있습니다. 영역별 경계가 허물어지고 있는 것입니다.

개인개발 측면도 마찬가지입니다. 과거와 달리 기술이나 트렌드에 빠르게 대응하기 어렵고 다루고자 하는 내용은 이미 오래 전부터 방대해져서 HRD에서 하나하나 직접적으로 접근하기가 어렵습니다. 더군다나 지금은 과거와 달리 지식이나 정보에 대해 접근할 수 있는 기회나 방법도 수두룩합니다.

그래서 HRD에서 개인의 성장이나 역량개발을 위해 양질의 내용을 수집하고 가공해서 전달하는 식의 접근은 진부하게 여겨지기도 합니다. 이런 측면에서 보면 조직에서 HRD가 직면한 변화는 생각하는 것 이상으로 크고 중요합니다.

이와 같은 변화에 대응하기 위해 각계각층에서는 인재육성을 위한 다양한 활동들을 전개해나가고 있습니다. 방법도 천차만별입니다. 국내외를 막론하고 각종 컨퍼런스나 세미나, 포럼 등에서는 해마다 인재육성과 관련된 새로운 개념이 제시되고 있으며 여러 기관이나 전문가들에 의해 다양한 시도들이 이루어지고 있습니다.

이런 상황에서 HRD의 역할은 조금 달라져야 할 필요가 있습니다. 혹 달라진 역할이 기존에도 했던 역할이라면 비중을 늘려야 합니다.

변화의 중심에 선 HRD의 역할은 크게 세 가지입니다. 자극 stimulation을 주는 역할과 연결link해주는 역할 그리고 추천curation해주는 역할입니다.

먼저 자극은 변화의 출발점입니다. 자극을 받으면 반응을 하게 되는데 반응의 과정과 결과가 인재육성과 연결됩니다. 양질의 자극은 그에 부합한 반응과 결과를 이끌어낼 수 있습니다.

이러한 자극은 여러 가지 경로를 통해 줄 수 있습니다. 대표적으로는 사람에 의한 자극, 경험에 의한 자극 그리고 콘텐츠에 의한 자극입니다.

사람에 의한 자극이란 교수자나 전문가에 의한 자극이기도 합니다. 교실환경에서 잘 준비된 교수자를 통해 새로운 것을 알게 되거나 생각이 전환되는 경우 등입니다. 이는 지금까지의 HRD에서 중점을 두었던 자극이기도 합니다.

그러나 시간과 공간의 제약이 있고 변화의 속도가 달라졌다는 점, 그리고 계획되거나 의도된 자극이라는 측면에서 보면 이런 자극만으로는 부족합니다.

이를 보완할 수 있는 것은 경험에 의한 자극입니다. 여기에서 경험은 구성원의 개인적인 경험을 말합니다. 각 구성원의 직무상 성공과 실패사례는 물론, 대인관계나 사적인 경험 등에 이르기까지 다방면에 걸친 경험을 공유하고 이를 개인에게 투영해볼 수 있는 환경을 만드는 것입니다. 학습조직이나 실천공동체 Communities of Practice 등과 같은 형태가 일례가 될 수 있습니다.

콘텐츠에 의한 자극이란 특정한 주제나 이슈 혹은 트랜드 등과 관련된 각종 콘텐츠에 노출되는 것을 의미합니다. 사람이나 경험에 의한 자극은 상대적으로 제한되고 한정적이지만 콘텐츠에 의한 자극은 개방되어 있습니다. 그리고 이러한 콘텐츠들은 온라인은 물론, 오프라인에 이르기까지 이루 헤아릴 수 없을 정도로 많이 존재합니다.

이와 같은 자극들은 연결되어야 그 효과가 배가됩니다. 그래야 연쇄반응을 이끌어낼 수 있고 영역이 확장되며 시너지를 창출할 수 있습니다. HRD에서 연결해야 하는 것은 앞서 제시한 사람과 경험 그리고 콘텐츠입니다.

해당 분야의 전문가라고 할지라도 한 명으로는 부족합니다. 그렇다고 해서 수많은 전문가들을 특정 시간과 장소에 모이게 하기는 쉽지 않습니다. 따라서 HRD에서는 해당 분야별 전문가 집단expert pool을 만들고 이들과의 연결고리를 만들어야 합니다. 경험이나 콘텐츠도 마찬가지입니다.

이런 측면에서 HRD의 역할 중 하나는 자극을 줄 수 있는 다양한 매개체에 대한 네트워크를 구축하는 것이라고 할 수 있습니다. 이러한 연결이 가능한 배경에는 SNS로 일컬어지는 사회관계망을 비롯해서 디지털화된 콘텐츠와 이를 구현할 수 있는 다양한 플랫폼 등을 들 수 있습니다.

HRD에서 자극과 연결이라는 역할이 선행되어야 비로소 맞춤형 추천도 가능해집니다. HRD에서 추천은 인재육성에 있어 개별화와 최적화를 위해서는 간과할 수 없는 중요한 역할입니다.

앞서 언급한 바와 같이 수많은 사람과 경험, 콘텐츠들에 노출된 환경 속에서는 글자 그대로 추천여부가 중요합니다. 추천의 기준은 콘텐츠의 양이나 질을 넘어 개인과 조직의 요구에 얼마나 부합하는가에 달려있습니다. 이는 HRD에서 다루어져야 할 영역입니다.

추천을 하려면 해당 분야의 전문적 지식과 다양한 경험이 기본적으로 요구됩니다. 아울러 HRD 조직 및 추천자의 신뢰성도 확보되어야 합니다. 그래서 이러한 역할을 수행하고자 한다면 HRD는 잠시라도 쉴 틈이 없을지도 모릅니다.

이와 관련하여 이미 빅데이터와 알고리즘을 활용한 추천 프로그램이 적용되는 분야들도 많습니다. 따라서 HRD는 이와 관련된 학습과 벤치마킹 등을 통해 추천 시스템을 구축하는 것도 검토할 시기가 되었다는 것을 인식해야 합니다.

HRD가 조직과 개인의 지속성장을 위한 원동력이라고 할 수 있는 인재육성을 담당한다면 그동안 해왔던 역할에 자극, 연결, 추천이라는 역할을 더해야 합니다. 그리고 이러한 역할은 보다 강화될 필요가 있습니다.

HRD의 역할이 목마른 사람을 물가로 인도하는 것에서 그치는 것이 아니라 스스로 갈증을 해소할 수 있도록 만드는 것에 있기 때문입니다.

포럼: 포럼디스커션forum discussion의 준말입니다. 토의 방법의 한 가지로 사회자의 지도 아래 한 사람 또는 여러 사람이 간략한 발표를 한 다음, 청중이 그에 대하여 질문하면서 토론하는 방식을 말합니다.

워크숍: 본디 '일터'나 '작업장'을 뜻하는 말이었으나 지금은 '협의회'나 '공개교육', '상호교육'을 뜻하는 교육용어로 사용되고 있습니다. 집단사고나 집단 작업을 통하여 성장을 꾀하고 문제를 해결하려는 두 가지 목적을 동시에 달성할 수 있습니다.

세미나: 고등교육기관에서 교수의 지도하에 학생들이 공동으로 토론·연구하는 교육방법을 의미합니다. 학회 등에서 지명된 몇 회원의 연구발표를 토대로 모든 회원이 토론하는 연구활동을 지칭하기도 합니다.

심포지엄: 공중토론公衆討論의 한 형식입니다. 원래 그리스어의 심포시아symposia:함께 술을 마시는 것, 심포시온symposion:饗宴·饗應에서 라틴어의 심포지엄symposium으로 옮겨진 말이기도 합니다. 오늘날에는 향연이라는 의미 외에도 화기애애한 분위기에서 진행되는 학술적인 토론회나 그 밖에 신문·잡지 등에서 특정한 테마를 놓고 2명 또는 그 이상의

사람들이 각자의 견해를 발표하는 지상토론회의 뜻으로 널리 통용됩니다.

컨퍼런스: 2명 이상의 다수인이 모여서 어떤 안건을 의논·교섭하는 행위를 의미합니다. 일정한 형식·규칙을 준수하면서 개별 의제를 다수결 원리 하에 능률적으로 결정해 나가는 진행 절차를 말하며 이러한 종류의 모임을 계속적으로 가지는 기관을 가리키는 경우도 있습니다. 모든 구성원의 참여를 요건으로 합니다.

from NAVER 두산백과

Letter 3
HRD기획은 다른가요?

몇 가지 예전의 기억을 떠올려봤습니다. 스마트폰 등과 같은 기기를 처음 접했을 때나 각종 SNS 계정을 만들고 참여했을 때 그리고 새로운 애플리케이션이나 소프트웨어를 설치하고 사용했을 때 등과 같은 기억입니다.

당시에는 하나같이 낯설고 어떻게 해야 하는지를 잘 몰라서 당황한 적도 있었던 것 같습니다.

하지만 기기에 대한 기본적인 사용방법을 비롯해서 각종 소프트웨어에서 제공하고 있는 편리한 기능들에 대한 이해 및 숙

달에 이르기까지는 그리 오랜 시간이 필요하지 않았습니다.

대부분 매뉴얼을 제공하기도 하고 직관적으로 이해하고 사용할 수 있도록 만들어졌기 때문입니다. 물론 필요하다면 온라인이나 오프라인 교육을 통해 습득할 수도 있습니다.

이처럼 무엇인가를 사용하기 위해 관련된 내용을 찾아보고 시도해보는 것은 일종의 학습입니다.

그런데 이와 같은 학습은 저절로 일어나지 않습니다. 학습은 개인이 몇 가지 상황에 마주했을 때 발생합니다.

학습이 발생하는 첫 번째 상황은 새로운 경험을 하게 될 때입니다. 새로운 경험이란 앞서 제시한 기기나 소프트웨어 등에 대한 사용과 같이 가벼운 것도 있지만 이보다 무거운 성격의 경험도 있습니다.

예를 들면 낯선 지역에서 한 달 살기라든지 진학이나 이직 등과 같은 경험 그리고 새로운 일을 시작하거나 사람을 만나는 것도 포함됩니다.

이와 같은 새로운 경험을 하게 되는 경우에 일종의 준비가 필요한데 이 때 학습은 필연적으로 일어나게 됩니다.

만일 낯선 지역에서 한 달을 살아야 한다면 당장 해당 지역에 대한 연구와 조사를 시작하게 될 것입니다. 대략적인 것을 넘어 그 지역의 문화와 관습은 물론, 사람들의 생활방식이나 주의해야 할 것 등 가능한 한 많은 내용에 대한 학습이 자연스럽게 이루어지게 됩니다.

학습이 시작되는 두 번째 상황은 어떤 내용을 모르거나 할 수 없다면 자신이 피해를 입을 때입니다.

일례로 운전을 하는 경우 교통법규를 모르거나 운전이 익숙하지 않다면 본의 아니게 가해자나 피해자가 될 수도 있습니다. 과태료나 범칙금과 같은 비용의 손실도 감당해야 합니다. 업무를 하는 경우도 마찬가지입니다. 해당 업무와 관련된 지식이나 기술 등에 대해 모르거나 할 수 없다면 재미가 없고 스트레스는 증가하게 됩니다. 당연히 만족스러운 성과도 기대하기 어렵습니다.

그래서 이와 같은 상황에 처해 있다면 누가 시키지 않아도 스스로 찾아서 학습하게 됩니다. 잘하는 사람을 찾아가서 배우기도 하고 개인적인 시간과 비용을 투자하기도 합니다.

세 번째 상황은 어떤 내용을 알게 되거나 할 수 있게 되면 자신에게 좋을 때입니다.

하나의 예로는 4차 산업혁명이나 디지털 트랜스포메이션 등과 같은 용어가 등장한 이후 빅데이터를 비롯하여 각종 IT 기술이나 자격을 보유하기 위한 열풍이 불고 있다는 것을 들 수 있습니다.

여러 가지 이유가 있겠지만 그 중 하나는 많은 조직에서 이와 관련된 기술이나 자격을 갖춘 인재를 끊임없이 찾아 나서고 있으며 소위 말하는 이들의 몸값도 천정부지로 뛰고 있기 때문이기도 합니다.

이런 상황을 보거나 그 속에 놓여 있게 되면 다시 학업을 시작하기도 하고 뜻이 맞는 사람들끼리 자발적인 학습조직을 만들기도 합니다. 다행히 이미 우리 주변에는 자신이 하고 있거나 해야 할 업무와 관련해서 학습할 수 있는 방법이 다양하게 존재하고 있습니다.

마지막으로 학습이 발생하는 상황은 불편함을 느낄 때입니다.

학창시절 수학문제를 풀 때 공식을 모르면 불편하기 이루 말할 수 없습니다. 공식에 대입하면 쉽게 풀 수 있는 문제를 일일이 계산해야하기 때문입니다. 수학문제뿐만이 아닙니다. 특정 소프트웨어의 단축키를 알고 있으면 빨리 끝낼 수 있는 일을 매번 하나하나 찾아서 하는 경우도 다를 바 없습니다.

그래서 이와 같은 불편함을 해소하기 위해 공식이나 단축키를 암기하기도 하는데 이 역시 학습의 일환이기도 합니다. 반면 불편함을 느끼지 못하는 경우라면 학습은 거의 이루어지지 않습니다.

이런 측면에서 보면 학습은 필요에 의해 발생한다고 해도 과언이 아닙니다. 즉 학습은 알아두면 좋은 것good to me보다는 반드시 알아야 하거나 필요한 것need to me에 무게중심이 놓여있는 것입니다.

학습은 능동적으로 이루어져야 합니다. 앞서 제시한 학습이 발생하는 상황들은 개인으로 하여금 학습의 능동성과 지속성 그리고 확장성을 가져오게 만들어 줄 수 있습니다.

보다 본질적이고 실용적인 학습은 이와 같은 필요와 상황 속에서 이루어지게 됩니다. 그리고 이러한 학습경험이 하나 둘씩 쌓여 나갈 때 학습에 대한 긍정적인 인식과 학습의지가 형성되며 더 나아가서는 학습하는 습관이나 문화로 정착될 수 있습니다.

따라서 개인이나 조직에서 효과적인 학습을 기대한다면 무엇이 필요한지 혹은 무엇을 필요로 하는지를 찾아내는 것은 물론, 학습이 발생하는 상황을 되새겨보고 스스로 혹은 의도적으로 조성해 볼 필요도 있습니다.

교육을 기획하거나 계획할 때 혹은 콘텐츠를 개발할 때에도 이와 같은 상황을 고려하여 접근해야 합니다. 이는 학습의 주체가 결국 개인이기 때문입니다.

◆ 4차 산업혁명

제4차 산업혁명The Fourth Industrial Revolution, 4IR은 정보통신 기술ICT의 융합으로 이루어지는 차세대 산업혁명입니다. 이 혁명의 핵심은 빅 데이터 분석, 인공지능, 로봇공학, 사물인터넷, 무인 운송 수단(무인 항공기, 무인 자동차), 3차원 인쇄, 나노 기술과 같은 7대 분야에서 새로운 기술 혁신입니다.

제4차 산업혁명은 클라우스 슈바프Klaus Schwab가 의장으로 있는 2016년 세계 경제 포럼World Economic Forum, WEF에서 주창된 용어이며 제3차 산업혁명The Third Industrial Revolution을 저술한 제러미 리프킨Jeremy Rifikin은 "현재 제 4차 산업혁명이 진행되고 있다."고 말했습니다.

아울러 제4차 산업혁명은 물리적, 생물학적, 디지털적 세계를 빅데이터에 입각해서 통합시키고 경제 및 산업 등 모든 분야에 영향을 미치는 다양한 신기술로 설명될 수 있습니다. 물리적인 세계와 디지털적인 세계의 통합은 O2O를 통해 수행되고 생물학적 세계에서는 인체의 정보를 디지털 세계에 접목하는 기술인 스마트워치나 스마트 밴드를 이용하여 모바일 헬스케어를 구현할 수 있습니다. 가상현실VR과 증강현실AR도 물리적 세계와 디지털 세계의 접목에 해당될 수 있습니다.

from wiki

◆ 디지털 트랜스포메이션

디지털 트랜스포메이션은 디지털 기술의 발전과 이를 활용하는 조직의 목적에 따라 3단계의 변화를 거쳐왔습니다.

첫 번째는 컴퓨터 기술의 발달로 인해 기존 아날로그 정보를 디지털 파일로 저장하고 사용하는 정보의 전산화Digitization입니다. 이는 단순히 기업의 정보 혹은 자료를 아날로그에서 디지털로 변환하는 것으로 비즈니스 프로세스, 예를 들어 주문, 생산 및 유통 등에서는 기존의 방식을 유지합니다.

두 번째는 초고속 인터넷 등을 기반으로 한 비즈니스 프로세스의 디지털화Digitalization입니다. 이 과정에서는 기존의 사업 방식과 절차를 사용하면서 디지털 기술을 기반으로 비즈니스 과정의 효율성 및 성과의 증가를 꾀합니다.

세 번째가 바로 각종 디지털 신기술을 적극적으로 사용하여 디지털 중심의 비즈니스 혁신을 이루는 디지털 트랜스포메이션입니다. 이는 디지털 신기술을 기반으로 조직의 모든 경제활동과 생존방식을 변혁하는 것으로, 과거와는 다른 새로운 비즈니스 모델의 개발을 수반합니다.

구체적으로 비즈니스에서의 디지털 트랜스포메이션은 디지털 기술을 활용하여 업무 프로세스를 효율적으로 전환하는 과정을 통해 궁극적으로는 새로운 고객가치를 제공할 수 있도록 비즈니스 모델을 변화시키는 것이라고 정의하고 있습니다. 또한 기업이 물리적인 요소에 디지털적 요소를 통합함으로써 비즈니스 모델을 변화시켜 산업에 새로운 방향을 만드는 전략이라는 정의도 있습니다.

이를 종합해보면 비즈니스에서의 디지털 트랜스포메이션은 좁게는 디지털 신기술을 활용한 업무개선과 업무 효율화의 달성을 의미하며 넓게는 비즈니스 모델 재정립을 통한 내부 운영 개선과 새로운 고객 경험 제공을 위한 전략 개발을 의미함을 알 수 있습니다.

from 박지현, 최명규, 류승완(2022). 디지털 트랜스포메이션 수용 결정요인과 수용행위에 관한 연구, 산업경제연구, 35(6), 1261-1288.

Letter 4
강의를 잘 할 수 있을까요?

강의를 잘하는 방법, 이른바 교수법에 대한 내용은 헤아리기 어려울 정도로 많습니다. 더군다나 새로운 기술과 방법들이 개발되고 적용되고 있으며 기존의 교수법에 대한 응용에 이르기까지 천차만별입니다. 게다가 이미 검증되고 효과적이라고 할지라도 다루고자 하는 내용에 따라 적합한 방법과 적합하지 않은 방법이 있어 교수자로서 이러한 교수법들을 익히고 체화하는 것은 꽤나 오랜 시간이 필요합니다.

그런데 거꾸로 생각해보면 강의를 망치는 방법은 의외로 단순합니다. 많지도 않습니다. 강의를 잘하는 방법과 비교하면 교육내용에 따라 크게 달라지지도 않습니다. 한마디로 강의를 망치는 방법을 알고 있다면 그렇게 하지 않는 것만으로도 강의를 잘 할 수 있습니다. 강의를 잘하는 교수자는 모두 제 나름대로의 방법을 가지고 있지만 강의를 망치는 교수자는 모두 같은 방법을 쓰기 때문입니다.

강의를 망치는 방법 중 첫 번째는 보고 읽는 것입니다. 교수자가 강의내용을 보고 읽게 되면 강의를 망쳤다고 생각해도 무리가 없습니다. 만일 강의현장에서 교수자가 강의내용을 보고 읽을 수도 있지 않을까라는 생각을 한다면 이후 벌어지는 상황을 살펴보면 됩니다.

교수자가 강의내용을 보고 읽는 순간 학습자들과는 벽이 생기게 됩니다. 학습자들의 상태도 알 수 없으며 지금 다루고 있는 내용에 대해 학습자들이 잘 따라오고 있는지 이해나 공감은 하고 있는지 등에 대해서는 전혀 알 수가 없습니다. 교수자의 눈은 강의내용과 학습자들을 동시에 볼 수 없기 때문입니다.

이렇게 되면 교수자는 일방향적인 강의를 하게 됩니다. 좋게 이야기하면 자신이 준비한 내용을 마치 녹음기를 틀어 놓은 듯이 정해진 시간에 말하고 나가는 것이고 보다 현실적으로 말하면 교수자가 혼잣말을 하다 끝나는 것입니다.

강의를 망치는 두 번째 방법은 소위 말해 삼천포로 빠지는 것입니다. 정해진 내용과 다루어야 할 내용이 있는데 강의 중에 계획되지 않은 내용으로 전개되는 것이 삼천포로 빠지는 경우입니다.

일반적으로 강의 중에 삼천포로 빠지는 경우라면 보통은 교육내용과 다소 거리가 있는 교수자의 개인적인 경험이나 의견 등을 이야기하는 것입니다. 물론 재미있는 내용이나 에피소드 등과 관련되어 있어 강의의 맛을 더하기도 합니다. 그런데 무엇이 문제란 말일까요?

문제는 교수자가 교육내용을 벗어나 삼천포로 빠지게 되면 준비한 내용을 다룰 수 없거나 다루더라도 설렁설렁 혹은 대충 넘어가는데 있습니다. 정해진 시간 내에 다루어야 할 내용을 준비해 왔지만 예정에도 없던 내용이 가미되면서 정작 다루어야 할 내용에 대한 시간이 할애되지 못하게 되기 때문입니다.

상황이 이렇게 전개되면 결국 교수자는 준비한 내용을 넘기거나 별로 중요하지 않다는 등의 핑계를 내세워 마무리하게 됩니다. 이런 교수자를 마주하는 학습자의 생각은 어떨까요? 별로 중요하지도 않은 내용을 가지고 강단에 선 교수자를 어떻게 생각할까요?

강의를 망치는 세 번째 방법은 시간을 초과하는 경우입니다. 정해진 교육시간이 있는데 이 시간을 훌쩍 넘기는 것을 말합니다. 사전에 학습자들에게 공지된 교육시간은 학습자들과의 약속입니다. 그래서 약속한 시간이 다 되어갈 무렵의 학습자들은 주의도 산만해지고 관심도 다른 곳으로 전환됩니다.

그럼에도 불구하고 교수자가 계속 강의를 하고 있다면 그야말로 같은 장소에 있지만 서로 다른 생각을 하고 있는 상태에 처하게 됩니다. 시간을 초과한 상태에서는 아무리 좋은 내용이나 유용한 내용일지라도 혹은 그렇게 강조하더라도 학습자에게는 빨리 끝났으면 하는 내용에 불과합니다.

앞서 제시한 강의를 망치는 방법을 아우르는 공통점이 있습니다. 그것은 준비부족입니다. 교수자의 준비부족이 교육내용을 보고 읽게 만들고 삼천포로 빠지게 하고 시간을 초과하게 만듭니다.

교수자의 준비가 부족하면 내용에 대한 숙지가 잘 되어 있지 않으니 자연스럽게 눈이 교안으로 가게 됩니다. 그리고 교육내용에 대한 숙지가 되어 있지 않으니 무리수를 두게 됩니다. 삼천포는 어쩌다 빠지는 것이 아니라 교육내용에 대해 충실하지 않으니 빠지게 되는 것입니다. 결과적으로는 시간 관리에 실패하게 되는데 이 모든 것을 총체적 난국이라고 표현해도 무리가 없을 듯합니다.

강의는 예술art입니다. 교수자 고유의 콘텐츠와 스타일이 묻어나기 때문입니다. 물론 그렇다고 해서 교수자의 마음이 내키는 대로 해도 된다는 것은 아닙니다. 만일 그렇게 한다면 예상치 못한 여러 가지 문제를 야기할 수 있으며 교수자의 기대와는 사뭇 다른 결과를 초래할 수도 있습니다.

이런 측면에서 보면 강의는 예술이기는 하지만 과학science에 기반한 예술이라고 해야 할 것입니다. 오랜 시간동안에 걸쳐 반복적으로 시도해보고 적용해 본 교수방법과 그 결과에 기반하

여 교수자만의 스타일과 색이 묻어난 결과물이자 표현이기 때
문입니다.

◆ARCS 모델

Keller의 ARCS 모델은 동기증진을 위한 교수 설계를 위한 모형으로서 주의집중Attention, 관련성Relevance, 자신감Confidence, 만족감Satisfaction의 요소를 교수설계에 적용하여 학습동기 증진을 그 목표로 합니다.

주의집중 요소는 지각적 주의환기, 탐구적 주의환기, 다양성 전략 등을 통해 동기증진을 설계할 수 있습니다. 예를 들어 학습자의 오감을 자극하는 지각을 활용하여 주의를 환기시키거나 학습내용과 관련된 호기심을 자극하여 주의를 끌거나 기존의 교육과는 다른 새로운 접근을 활용하여 학습자의 주의를 환기시키는 것이 주의집중 전략의 주요 예시입니다.

관련성 요소는 학습자의 동기 및 목적에의 부합 그리고 학습자와의 친밀성 전략을 통하여 동기 증진 교수설계에 적용할 수 있습니다. 예를 들어 수업내용을 학습자가 목표로 하고 있는 학습목표와 연관을 시키거나 그들이 좋아하거나 관심 있어 하는 동기요소와 연계하여 전개하면 교육을 효과적으로 설계할 수 있습니다. 또한 학습자들이 친숙하고 익숙한 것들과 교육의 내용을 연결시키면 관련성을 증진시켜 학습자의 동기고무가 용이함을 의미하기도 합니다.

자신감 요소는 학습의 필요 요건의 강조, 성공의 기회부여, 개인적 조절감의 증대와 같은 전략을 통하여 동기증진 교수설계에 적용할 수 있습니다. 예를 들어 교육을 설계할 때 어떤 요건을 이수하거나 충족하면 성공적으로 그 교육을 잘 이수할 수 있는지 필요요건을 정확히 학습자에게 안내하면 학습자의 자신감을 증진시킬 수 있습니다. 또한 학습자들에게 학습내용의 난이도를 조금씩 높여 교육과정에서 성공의 기회를 자주 제공하거나 학습자에게 자신들이 주제를 선택 하거나 학습의 속도를 조절할 수 있는 학습 선택 및 조절권을 부여하면 학습자들은 학습에서 자신감을 가지게 됩니다. 이러한 전략들이 자신감 증진 설계 전략입니다.

마지막으로 만족감 요소는 긍정적인 결과의 강조, 적용의 기회 제공, 공정성 전략 등을 통하여 동기증진 교수설계에 적용할 수 있습니다. 구체적으로 학습의 결과는 자연스럽게 긍정적인 결과가 주어짐이 강조되거나 배운 내용의 현장 적용과 같은 기회가 주어질 때 학습자들은 만족감을 느끼기 쉽다는 것입니다. 또한 공정성 역시 학습자 만족감을 증진시키는데 특히, 평가 등에서의 공정성이 교수설계에 잘 반영되어야 하는 부분입니다.

from 권기성, 김민정(2020). 기업교육에서 ARCS모형을 적용한 게임기반 교육 프로그램 개발 및 효과성 파악, 기업교육과 인재연구 22(2), 33-59.

Letter 5
이 교육, 꼭 해야 할까요?

지금 조직에서 교육하고 있거나 앞으로 하고자 계획된 콘텐츠는 과연 구성원들에게 얼마나 필요한 것일까요? 그 콘텐츠는 구성원들의 선택여부를 떠나 반드시 받거나 제공되어야 하는 것인가요? 만일 어떤 구성원이 그 교육을 받지 않는다면 자신이 하고 있는 일이나 속한 조직 그리고 해당 비즈니스 환경에서 지금은 물론, 앞으로 살아남기 어려울까요?

기업교육에 종사하고 있다면 교육을 기획하거나 콘텐츠를 개발 또는 선택할 때 이와 같은 성격의 질문을 반드시 해 볼 필요가 있습니다. 왜냐하면 조직별로 규모의 정도는 다르지만 이를 수행하는 인적자원개발HRD, Human Resource Development을 위해 많은 인력과 예산 등을 할당하고 직·간접적인 지원을 하고 있기 때문입니다.

실제로 어느 시대나 사회 그리고 조직을 막론하고 구성원에 대한 교육이 간과된 적은 없었습니다. 그만큼 구성원 육성 및 역량 개발의 중요성과 필요성에 대해서는 공감대가 이루어져 왔습니다.

그런데 HRD는 눈에 보이는 지원에 비해 효과는 잘 보이지 않는 편입니다. 교육 후 구성원의 변화 혹은 성장에 대해 직접적인 체감을 느끼는 경우가 많지 않고, 단기적인 측면에서 보면 더 그렇습니다. 이를 달리 표현하면 HRD에서의 투자 대비 효과, 즉 ROIReturn On Investment를 측정하기가 쉽지 않다는 것으로도 말할 수 있습니다.

사정이 이렇다보니 HRD가 중요하다는 말의 빈도나 인식하고 있는 수준에 비해 HRD에 대한 지속적인 투자나 이를 유지해나가고자 하는 의지는 상대적으로 낮아지는 모습이 나타나기도 합니다. 또한 자연스럽게 조직에서의 HRD는 필수적인 활동이라기보다는 대안이나 선택적인 활동으로 인식되는 경우도 있습니다. 극단적으로 생각하는 경우라면 이와 같은 활동이 없더라도 당장에는 비즈니스에 큰 문제가 없는 것처럼 보이기도 합니다.

HRD분야에 몸을 담고 있는 입장에서 보면 이러한 인식이나 현상은 다소 위험해 보입니다. 알고 있고 경험했던 바와 같이 교육은 과거나 현재가 아니라 미래에 투자하는 것이며 돈을 주고 바로 물건을 사는 것과는 사뭇 다르기 때문입니다.

그런데 기업교육에 대한 이와 같은 인식이나 현상이 왜 발생했을까를 생각해보면 몇 가지 이유를 떠올려볼 수 있습니다. 그중 하나는 구성원이 반드시 알아야 하는 콘텐츠는 물론, 알면 좋은 혹은 좋을 것 같은 콘텐츠로도 접근했기 때문입니다.

이는 제공되는 교육의 학습목표를 살펴보면 확인할 수 있습니다. 학습목표가 방대하거나 모호한 경우가 이에 속한다고 볼 수 있습니다. 이렇게 되면 교육에 있어 선택과 집중은 먼 나라의 이야기가 되어 버립니다. 다루어야 할 콘텐츠는 일반화되고 이를 위한 교수학습방법 역시 평이하게 제공됩니다. 이와 같은 콘텐츠가 과연 비즈니스 환경 속에 놓인 구성원의 성과나 생존에 반드시 필요할까요?

더군다나 HRD측면의 ROI를 계산해보려고 하고 비즈니스 성과와의 연계를 찾는 입장에서 보면, 알면 좋은 콘텐츠는 굳이 조직의 HRD에서 다루지 않아도 무방하다고 생각할 수도 있습니다. 알면 좋은 콘텐츠는 조직이 아닌 개인의 선택 영역으로 이동하면 됩니다. 잘 아는 바와 같이 본인의 필요와 관심에 의해 학습자 스스로 선택한 교육이 보다 효과적입니다. 그리고 이와 같은 콘텐츠는 이미 조직 밖의 다양한 채널에서 제공하고 있습니다. 조직에서 제공하는 콘텐츠는 조직의 목표나 최종산출물과 밀접하게 관련되고 구성원들이 알아야 하고 적용하거나 응용할 수 있는 것에 초점을 맞추어야 합니다. 이는 비단 직무교육에만 국한되지는 않을 것입니다.

또 하나의 이유로는 HRD에 있어 안전함을 추구하는 접근을 했다는 것을 들 수 있습니다. 이는 아직도 각 조직에 존재하고 있는 직급별 교육체계를 보면 알 수 있습니다. 이러한 체계는 표면적으로 문제가 없어 보입니다. 그리고 역량을 기반으로 구성된 체계는 지면상으로 구성원 육성 및 성장의 프로세스를 보여주기에 더할 나위 없습니다. 일반적으로 삼각형이나 계단형 등과 같이 도식화되어 보이는 모습은 한마디로 안정적입니다.

그러나 이는 어떤 조직에 들어온 초기의 구성원이 해당 조직에서 꽤 오랜 시간을 근무한다는 가정이나 전제가 유효할 때의 이야기입니다. 요즘 상황은 많이 다릅니다. 수시로 구성원들이 채용되고 이직합니다. 그리고 역량모델링 등과 같은 방법을 사용해서 도출한 역량은 지금 우리가 살고 있는 시대나 비즈니스의 변화 속도를 감안하면 역량모델링이 마무리된 시점에서는 적합하지 않을 수도 있습니다.

그렇다면 이런 상황에서 기업교육은 어떻게 접근되어져야 할까요? 우선 HRD가 애자일agile화되어야 합니다. 한마디로 HRD가 민첩하게 움직여야 한다는 것입니다. 이렇게 되기 위해서는 HRD에 몸담고 있는 이들의 학습민첩성learning agility이 높아져야 합니다. 새로움에 대한 호기심은 물론이거니와 이를 비즈니스와 연계시켜보는 사고력이 요구됩니다. 머릿속 상상만으로는 어림없습니다. 새로운 사람들을 만나고 방대한 양의 책을 읽고 낯선 경험을 찾아 나서야 합니다. 이런 과정 속에서 오픈 이노베이션open innovation, 디자인 씽킹design thinking 등을 할 수 있고 소위 말하는 인사이트insight도 기대해 볼 수 있습니다. HRD에서 무엇을 왜 해야 하는지 그리고 어떻게 준비해야 하는지에 대한 논의나 비즈니스와의 연계를 기대한다면 이는 필수적입니다.

다음으로는 현존하는 콘텐츠에 대해 과감한 손절매stop-loss를 해야 할 필요도 있습니다. 한마디로 해당 교육을 계속 할 것인지 그만 할 것인지를 결정해야 하는 것입니다. 손절매는 주식시장에서 해당 주식의 주가가 떨어질 때 손해를 보더라도 파는 것으로 큰 손실을 피하는 방법 중 하나입니다. 기존의 교육프로그램이나 콘텐츠 등은 HRD에서 손절매 대상 후보군에 해당됩니다. 손절매의 기준은 해당 교육프로그램이나 콘텐츠에 대한 평가를 통해 마련되어져야 합니다. 흔히 실시되는 학습자 반응평가만으로는 할 수 없습니다. 학습목표나 비즈니스와의 연계정도 그리고 현장에서의 적용도 등에 대한 평가가 이루어져야 합니다. 이렇게 되면 평가항목이나 방법 등도 달리 접근할 수 있을 것입니다.

기업교육을 다시 보기 전에 가정을 한 번 들여다 볼 필요가 있습니다. 가정에서 지출되는 항목과 비용은 다양합니다. 그중에는 자녀 교육비도 있습니다. 만일 가정에서 여러 상황이나 사정으로 인해 지출을 줄여야 하는 경우에 처했다면 먼저 문화나 여가활동에 사용되었던 비용을 줄이는 것이 일반적입니다. 그래도 허리띠를 더 졸라매야 한다면 외식비와 같은 비용이 절감대상이 됩니다. 마지막까지 쉽사리 줄이지 못하는 비용은 자녀 교육과 관련된 비용입니다. 그것도 취미와 관련된 교육이나 유행을 쫓아가는 교육이 아니라 자녀의 독립과 자립 그리고 생존에 관련된 교육비용입니다.

왜 그럴까요? 그 교육이 바로 자녀의 미래에 대한 투자이고 준비이기 때문입니다. 상황이 어렵다고 자녀 교육을 멈춘다면 지금 당장은 잠시 숨통이 트일지는 모르지만 상황이 호전되었을 때 치고 나갈 힘이 부족할 수 있습니다.

이는 가정이나 어린 자녀에게만 해당되는 것이 아닙니다. 조직이나 그 구성원도 마찬가지입니다. 성과창출과 지속성장에 기여하는 기업교육이 중요한 이유 그리고 계속되어야 하는 이유도 바로 여기에 있습니다.

기업교육의 중요성과 필요성은 지금까지 그래왔던 것처럼 올해에도 변함없이 강조될 것입니다.

그런데 강조만으로는 부족합니다. 강조되는 것을 넘어 이제 각 조직의 HRD에서는 이렇게 말할 수 있어야 합니다. "이 교육 꼭 해야 합니다."라고. 그리고 이렇게 말할 수 있는 교육을 기획하고 설계하고 개발하기 위한 연구와 실행이 순환되어야 합니다. HRD에서 이렇게 말할 수 있어야 구성원 역시 이렇게 말할 수 있습니다. "이 교육 꼭 해야 합니다."라고.

◆ ROI

기업교육의 평가에서 전통적으로 사용되고 있는 모델은 Kirkpatrick 의 4단계 평가모형입니다. 이 평가모형은 반응reaction, 학습learning, 행동 behavior, 결과 result로 구성되어 있습니다.

이후 Phillips는 Kirkpatrick 평가모형의 4단계를 경영성과 기여도와 투자수익률return on investment: ROI로 분리하여 5단계로 발전시키고 ROI 기법을 정교화하여 현장에서 활용할 수 있는 모형을 개발하였습니다.

ROI 측정 프로세스는 크게 평가계획, 자료수집, 자료분석, 보고의 단계로 이루어집니다. 첫째, 평가계획 단계는 HR 프로그램 목표수립과 평가계획수립 두 과정으로 구성되어 있는데 이는 각각 HR 프로그램에 대한 궁극적인 목표를 수립하는 것과 세부적인 평가계획을 세우는 것입니다. 먼저 궁극적인 목표를 수립하는 것은 예를 들면, 학습자 반응을 높이기 위한 목표수립에서부터 ROI를 계산하기 위한 목표 수립까지를 계획하는 것입니다. 그리고 세부적인 평가계획은 두 가지로 나누어 수립하는데 하나는 수집할 자료의 유형, 자료수집 방법, 자료 출처, 자료 수집 시기 등을 나타낸 자료수집계획이고 다른 하나는 자료의 금전적 가치로의 환산 방법, 적정한 비용, 유형 및 무형의 측정 대상, 의견 청취 집단 등을 나타낸 ROI분석 계획입니다.

둘째, 자료수집 단계는 평가계획 수립과 HR 프로그램 실행 중·후 자료수집으로 구성되어 있습니다. 주로 1단계 학습자 반응과 2단계 학습 성취도 자료는 프로그램이 진행되는 동안에 수집하고 프로그램이 종료된 후에도 사후 자료를 수집하여 프로그램 시행 전후의 효과를 도출하고 실험집단과 통제집단 그리고 결과치와 기대치를 비교·분석합니다.

셋째, 자료분석 단계는 HR 프로그램 효과 분리, 금전적 가치로의 자료 전환, ROI 계산으로 구성되어 있습니다. 먼저, 프로그램의 효과 분리는 측정된 경영성과에서 HR 프로그램이 기여한 경영성과만을 분리하기 위한 전략을 수립하는 것입니다. 경영성과에 영향을 미친 여러 요인들 중에서 HR 프로그램이 직접적으로 기여한 정도를 정확히 분리해 ROI 계산의 정확성과 신뢰성을 확보하기 위함입니다. 특히, ROI 실행 단계에서 프로그램 효과분리는 ROI의 성패를 좌우하는 가장 중요한 단계입니다. 이는 교육 고유의 효과를 얼마나 엄밀하게 분리할 수 있느냐가 ROI를 통해 도출되는 수치의 신뢰도를 결정하기 때문입니다.

ROI 측정에서 중요한 것은 측정결과에 대한 이견에 많기 때문에 앞에서 제시한 바와 같이 해당 조직에서 이해관계자의 이해와 동의가 중요합니다. 따라서 ROI 측정을 하는 과정은 실시 전단계부터 이해관계자와의 조율이 필요하며, 측정지표에 대하여 상호 의견을 교환하고 승인받는 작업이 병행되어야 합니다.

from 이윤하, 이기성(2010). 공식적 멘토링의 ROI 성과에 관한 연구, 평생교육HRD연구, 6(1), 45-62.

◆Learning agility

학습민첩성이란 복잡도가 높은 상황에 효과적으로 대응하고 조직에서 성과를 창출하기 위해서 필요한 지식/기술을 새로 학습하려는 개인의 의지와 역량을 의미합니다. 즉, 학습민첩성이 높은 조직구성원은 실천적이고 실용적인 결과물을 창출하기 위해 주변에서 적극적으로 정보를 탐색하거나 의견을 청취하고 실패한 경험을 통해 성찰하며 배우는 특성이 있으며 새로운 기능을 쉽게 배우고 정체된 상태에서 변화를 원하고 한계에 도전하려고 합니다.

학습민첩성은 최근 10년 간 개인의 높은 잠재력을 평가하는데 있어서 주요 도구로 활용되었으며 개인의 고유한 특성이지만 노력여하에 따라 개발이 가능합니다.

따라서 인적자원개발 관점에서는 누가 학습민첩성이 더 높은지, 어떻게 하면 학습민첩성을 효과적으로 개발하고 촉진할 수 있는지 여부가 중요합니다.

from 윤세현, 김재문, 이진구(2021). 학습민첩성이 혁신적 업무행동에 미치는 영향 : 무형식학습, 일몰입의 매개효과, 인적자원개발연구, 24(4), 1-32.

◆Open innovation

기업이 필요로 하는 기술과 아이디어를 외부에서 조달하는 한편 내부자원을 외부와 공유하면서 새로운 제품이나 서비스를 만들어내는 것으로 버클리대 헨리 체스브로 교수가 2003년에 제시한 개념입니다. 기업 내부의 R&D 활동을 중시하는 것이 '폐쇄형 혁신'이었고 아웃소

싱이 한쪽으로 역량을 이동시키는 것이라면 오픈 이노베이션은 기술
이나 아이디어가 기업 내외의 경계를 넘나들며 기업의 혁신으로 이어
지도록 하는 것입니다. 지식재산권을 독점하는 것이 아니라 공유하는
것이 개방형 기술 혁신의 핵심입니다.

from 한경 경제용어사전

◆Design thinking

디자인 씽킹은 그것을 활용하는 분야나 학자의 견해에 따라 다양하게
정의됩니다. Brown은 직관적인 능력, 패턴을 인식할 수 있는 능력을
키우는 과정이라고 하였으며 감성적인 의미뿐만 아니라 기능적인 아
이디어를 생각할 수 있는 능력이라고 하였습니다.

Kelley는 고객의 행동을 관찰하고 고객이 인지하지 못한 숨은 욕구를
찾아내는 방법이라고 정의하였는데 여러 학자의 정의에서 디자인 씽
킹은 '욕구 파악', '이해와 공감', '통합적 문제해결', '협력'이라는 의미
가 담겨있음을 알 수 있습니다.

또한 디자인 씽킹이 가지고 있는 공통적 특성은 모든 사람은 디자이너
이며 인간의 전반적인 문제를 다루고 있으며 협업을 통한 문제해결을
하려고 하며 다양한 분야 간 융합과 공유를 중시한다고 하였습니다.

IDEO의 3I 모델은 3단계 순환형 과정으로 영감, 발상, 실행으로 구성
되어 있습니다. 영감 단계는 문제의 해결책을 찾는 동기부여를 의미
하며 발상 단계는 해결을 위한 아이디어를 생각 및 발전시키고 테스
트를 진행합니다. 마지막 실행단계에서는 산출물을 점검 및 검토하는

단계입니다. 3I 모델은 아이디어를 정교화하기 위해서 각 단계를 반복적으로 수행할 수 있다는 점에서 시사점이 있습니다.

HPI 연구소의 디자인 씽킹 프로세스는 이해하기, 관찰하기, 착안점, 아이디어 생성, 프로토타입, 테스트 등의 6단계로 구성되어 있습니다. 이 단계는 순차적으로 진행할 필요가 없으며 필요에 따라 반복적으로 실행합니다. HPI 디자인 씽킹 프로세스는 문제에 대한 이해 및 관찰부터 시작한다는 것이 특징입니다.

Design council의 디자인 씽킹 모델은 발견하기, 정의하기, 개발하기, 전달하기로 구성되어 있습니다. 확산적 사고와 수렴적 사고가 반복되는 디자인 씽킹 과정을 나타내고 있습니다.

D.school의 디자인 씽킹 모델은 공감, 정의, 발상, 프로토타입, 적용으로 구성되어 있습니다. 공감을 통하여 문제의 핵심에 다가가려고 하며 정의 단계에서 특정사용자의 문제 진술을 할 수 있습니다. 발상은 대안을 제시하는 단계이며, 프로토타입을 통하여 가능성을 물색합니다. 마지막으로 적용을 통해 문제가 해결되었는지 확인합니다.

from 이재호, 이승훈(2021). 디자인 씽킹 기반 인공지능 교육 프로그램 개발, 정보교육학회논문지, 25(5), 723-731.

Letter 6
HRD는 비전이 있을까요?

"연기되었습니다.", "취소되었습니다.", "아직 결정된 바가 없습니다." 지난 2019년말 촉발된 코로나19 사태로 인한 기업교육의 단면입니다.

조직의 경쟁력을 확보하고 지속가능한 성장의 기반이라고 일컬어지는 인재개발 현장은 2019년 연말에 발생한 코로나19로 인해 그야말로 일시정지 혹은 저속으로 움직이는 상태가 되어 버렸습니다.

이와 같은 상황에서 계획된 교육이 연기되거나 취소되는 것도 문제지만 HRD에서 오히려 더 크고 심각하게 받아들여야 할 문제는 따로 있습니다.

그것은 HRD가 제기능을 발휘할 수 없는 상황임에도 불구하고 학습대상자라고 할 수 있는 조직 내 구성원들이 이를 심각하게 체감하는 경우가 많지 않다는 것입니다. 게다가 구성원들의 교육에 대한 관심이나 요구 및 학습의지도 함께 낮아지고 있는 현상과 함께 코로나19 사태가 안정된 후에도 HRD분야에서 나타나는 이러한 현상이 크게 바뀌지 않거나 더 악화될 가능성도 있다는 점도 문제입니다. 한마디로 말하면 현 상황 속 여타의 분야와 마찬가지로 HRD 역시 위기에 직면했다고 볼 수 있습니다.

HRD분야에서 이러한 현상이 나타나는 이유 중 하나는 수개월째 인재개발과 관련된 일련의 활동이 답보상태에 있지만 이로 인해 구성원들이 불편함을 겪거나 직무수행에 영향을 받는 정도가 미미하기 때문이라고도 볼 수 있습니다.

또한 안타깝지만 위기 혹은 예측 불가능한 상황 속에서 HRD는 구성원들의 관심이나 실행 측면에서 우선순위 밖에 있기 때문이라는 점도 미루어 짐작해볼 수 있습니다.

위기를 극복하거나 탈출하는 방법 중 하나는 기본을 지키거나 기본으로 돌아오는 것입니다. 이는 경기가 없거나 슬럼프에 빠진 운동선수가 기초훈련을 하고 기본자세를 가다듬는 것과 다를 바 없습니다.

그렇다면 HRD에서 기본은 무엇일까요? 여러 가지를 말할 수 있겠지만 일단 수단에 가까운 것은 기본에서 조금 동떨어져 있습니다. 예를 들어 콘텐츠를 발굴하고 최적화된 교육 및 학습환경을 조성하고 좋은 강사를 섭외하는 활동 등은 필요하지만 이를 HRD의 기본이라고 하기는 어렵습니다. 목적보다는 수단에 가깝기 때문입니다. 기본은 목적과 연결되어 있습니다. 그래서 HRD의 목적이 무엇인가를 다시 한 번 고민해 볼 필요가 있습니다.

다음으로는 새로운 방법을 적용해보는 것입니다. 새로운 방법은 당연하다고 믿어왔던 것에서 벗어나는 것으로부터 시작됩니다. 즉 상식이라고 명명되어진 내용이나 방법 등에서 벗어나 보는 것입니다.

이를 위해서는 그동안 HRD에서 당연하다고 생각되었던 내용들을 다시 한 번 면밀하게 살펴볼 필요가 있습니다. 예를 들어 교육체계를 만들어야 한다든지 좋은 콘텐츠를 개발하면 저절로 구성원들이 따라올 것이라든지 혹은 구성원들에게 전달되고 제공된 내용은 교육 후 구성원들이 자발적으로 현업에 적용할 것이라는 등과 같은 생각입니다.

아울러 지금까지 가설 또는 기대로 접근했던 것들에 대해 검증해보고 이를 더욱 강화하거나 수정해보고자 하는 노력도 필요합니다.

오늘날 HRD가 접목하거나 적용하고 있는 각종 이론과 프로세스 등이 이미 지난 세기에 등장했던 내용임을 감안하면 이제 이러한 내용들에 대해 다시 확인하고 검증하며 새로운 시도를 해 볼 시점이 되었다는 말은 결코 급진적이거나 현실과 괴리가 있다고 보기 어렵습니다.

물론 기본으로 돌아가고 새로운 방법을 시도해보며 기존의 이론이나 프로세스를 검증해보는 일이 쉬운 일은 아닙니다. 과거의 성공경험이나 주변의 시선 그리고 실패에 대한 두려움 등이 발목을 잡기 때문입니다.

그러나 늘 그렇듯 위기는 기회와 함께 옵니다. 생각은 하고 있었으나 막상 시도해볼 수 없었던 것들이 있다면 지금 이 시점이 기회가 될 수 있습니다. 이런 측면에서 포스트 코로나19시대의 HRD는 보다 도전적인 접근과 과감한 시도를 해 볼 필요가 있습니다.

대표적인 시도 중 하나는 온라인에 기반한 HRDon-line based HRD입니다. 물론 온라인 형태의 HRD는 예전에도 있었습니다. 그렇지만 과거에 비해 진일보된 하드웨어와 소프트웨어 등이 결합되어 대규모 인원을 대상으로 하는 강의, 포럼, 세미나뿐만 아니라 코칭, 멘토링 등과 같은 개별적인 솔루션도 온라인상에서 이루어지고 있습니다. 그리고 이에 발맞춰 콘텐츠나 방법 역시 다변화하고 있는 추세입니다.

이를 감안하면 기존의 틀이나 방식을 참조하되 이에 얽매이지 말고 결과를 생각하기보다 시도부터 먼저 해보는 일종의 토이 프로젝트toy project를 소규모 단위로 다양하게 전개해 볼 필요가 있습니다.

또 다른 시도로는 세포 단위의 학습조직learning organization을 구축해보는 것도 생각해볼 수 있습니다. 이제 조직 구성원들은 Micro learning, MOOC, Meet-up 등과 같은 다양한 경로와 자원을 통해 직무 및 직책 수행에 요구되는 콘텐츠에 대한 개별적인 접근이 용이해졌습니다.

이는 콘텐츠에 대한 오너십ownership이 HRD조직에서 구성원 개인으로 변화되고 있음을 의미합니다. 그리고 조직과 개인의 요구에 부합된 콘텐츠를 중심으로 소규모 그룹의 자발적인 학습 환경 구축과 활동이 가능해졌다는 것을 의미하기도 합니다.

실행공동체라고 일컬어지는 CoPCommunity of Practice가 하나의 예가 될 수 있습니다. 현장의 문제를 해결하기 위한 자발적이고 자생적인 실행공동체는 조직 내 지식공유와 학습전이는 물론, 현업의 문제해결을 위한 대안이 될 수 있습니다.

이를 위해서는 HRD의 시야를 개인개발영역을 넘어 조직개발영역으로 넓혀야 하며 과정설계 및 개발자, 강사 등과 같은 전통적인 역할과 함께 큐레이터curator, 학습촉진자facilitator, 연결자connector 등과 같은 역할을 수행할 수 있어야 합니다. 이른바 HRD가 학습 플랫폼이자 학습의 허브hub가 되어야 하는 것입니다.

자의에 의해서건 타의에 의해서건 혹은 예상치 못한 상황으로 인해 그동안 하던 일이 멈춰진 경우 이를 다시 움직이게 하려면 몇 가지 조건이 충족되어야 합니다.

　즉 다시 하지 않으면 문제가 발생하거나 불편을 겪어야 다시 하게 됩니다. 새로운 개념을 설계하거나 방향 등이 제시되는 경우도 다시 움직일 수 있는 조건에 포함됩니다. 그런데 아직까지 HRD에 이와 관련된 강한 신호는 보내지지 않은 것처럼 보입니다.

　그렇다면 HRD에서 신호를 보낼 차례입니다. 조직의 경쟁력은 조직 구성원들의 축적된 역량에서 나오는데 조직 내 학습이 정체되거나 침체되는 상황에서는 창의, 혁신, 변화 등을 추구하기 어렵다는 점과 지식의 반감기는 짧아지고 새로운 지식의 양은 기하급수적으로 창출된다는 점 등은 HRD가 보낼 수 있는 신호의 일환입니다.

　이제 남은 것은 이러한 신호를 HRD가 새로운 접근과 방식으로 구현해보는 일입니다. 이 과정에서 HRD는 새로운 도약의 기반을 마련할 수 있습니다. 도약에는 필연적으로 움츠림이나 물러섬의 동작이 따릅니다. 그러나 이는 반드시 도약을 위한 것이어야 합니다. 이런 측면에서 보면 지금이 바로 HRD의 도약을 위한 시점인 듯합니다.

◆Toy project

장난감 프로젝트Toy project는 학습이나 실험 목적으로 만들어진 작고 단
순하며 중요하지 않은 소프트웨어 개발 프로젝트입니다.

장난감 프로젝트는 개발자들이 새로운 프로그래밍 언어, 프레임워크
또는 라이브러리를 시험하거나 새로운 아이디어와 접근법을 시험하
기 위해 종종 사용됩니다. 이들은 일반적으로 생산 용도나 상업적 배
치를 위한 것이 아니라 개발자들이 새로운 기술과 기술에 대한 실제
경험을 얻을 수 있는 방법으로 사용됩니다.

from ChatGPT

◆Micro learning

Hug는 생태학적 관점에서 마이크로micro, 메소meso 및 매크로macro로
학습을 구분하였습니다. 의미 단위의 학습객체를 '마이크로'라 하고,
주제나 상황이 포함되면 '메소', 이를 통해 커리큘럼을 구성하는 것을
'매크로'로 구분한 것입니다.

한 번에 소화할 수 있는 한입 크기One bite-size의 학습콘텐츠를 마이크로
콘텐츠라고 한다면 마이크로 러닝은 작은 단위의 학습으로 목표달성
을 위한 학습활동을 포함한 개념입니다.

초기 마이크로 러닝에 대한 정의는 콘텐츠 측면에 한정되었으나 점
차 학습활동을 포함한 작은 단위의 학습으로 그 개념이 변화하고 있

습니다.

Alqurashi는 마이크로러닝을 '일련의 짧은 학습내용과 미니 코스를 만드는 짧은 활동을 이용하여 고안된 학습전략'으로 정의하면서 교육학Pedagogy, 기술Technology, 콘텐츠Contents로 구성된다고 보았습니다.

교육학 관점에서는 에빙하우스의 망각곡선이 가장 많이 언급됩니다. 학습내용을 배울 때 일정 시간 동안 배운 내용을 기억하지만, 해당 내용이 '중요한' 것이 아닐 경우 시간이 지남에 따라 잊혀지게 됩니다. '정보를 의미 있는 묶음으로 만드는 것'을 의미하는 청킹 전략을 통해 효과적인 마이크로러닝을 개발할 수 있습니다. 여기서 중요한 것은 완결성을 가지도록 하나의 핵심적인 내용만을 담아 설계하는 것입니다.

콘텐츠 관점에서 인지학습이론을 기반으로 한 Mayer의 멀티미디어 학습 원리는 마이크로러닝 콘텐츠를 개발하는 근거가 됩니다. Tufan은 멀티미디어의 원리, 근접성의 원리, 양식의 원리, 중복의 원리, 일관성의 원리, 개인화의 원리, 세분화의 원리, 사전 교육의 원리 등을 마이크로 러닝을 위한 멀티미디어 설계원리로 도출하였습니다.

마이크로러닝은 Web2.0을 시작으로 에듀테크의 발달과 함께 성장하고 있습니다. 기업교육에서는 모바일 기반의 플랫폼을 통해 학습분석과 개인화를 지원하고 있습니다. 또한, 연결주의와 관련하여 창조, 공유, 큐레이션 등과 같이 학습자 주도의 학습활동을 고려한 개인학습환경을 구축하는 것을 강조하고 있습니다.

from 도현미, 김민정(2022). 대학수업에서 마이크로러닝 설계원리 개발 및 효과성 검증, 교육공학연구, 38(1), 179-218.

◆MOOC

지식과 정보의 유효기간이 갈수록 짧아지는 현재의 지식기반중심 사회에서 온라인 기반의 학습형태는 기존의 오프라인 캠퍼스 중심의 고등교육에 새로운 변화의 패러다임을 암시하고 있습니다.

미래의 사회적 수요를 예측하여 그를 위해 그때그때 필요한 인력을 양성하여 사회로 배출한다는 것이 점점 더 어려워지고 있는 것이 현실이며 또한 인간의 기대 수명의 연장으로 평생교육에 대한 수요와 필요성도 그 어느 때보다 부각되고 있습니다.

Massive Open Online Courses(MOOC)는 이러한 문제들을 보완하기 위한 방법으로 등장한 교육방법의 한 형태입니다.

'MOOC' 라는 용어는 2008년 캐나다 마니토바대학의 한 강의인 '연결주의와 연결지식connectivism and connective knowledge' 에서 처음 사용되기 시작했습니다.

그 후 2011년 미국 Massachusetts Institute of Technology(MIT)가 개발한 공개강의웨어open course ware는 대학으로서는 처음으로 MOOC 기반의 거대한 자료를 모아서 만든 최초의 형태가 됩니다.

2012년 MIT와 하버드대학은 MOOC의 발전을 위한 edX의 선봉자 역할을 하기 시작했으나 미국에서의 MOOC의 본격적인 시작은 스탠포드대학의 Sebastian Thrun교수의 인공지능 개론introduction to AI을 통해 시작되었다고 볼 수 있습니다. 그는 자신의 인공지능강의를 인터넷을 통해 강의했으며 그 결과 16만 명 이상의 학생들이 등록을 하는 결과를 가져왔습니다.

그 후 머지않아 스탠포드대학의 두 강사도 컴퓨터 공학 수업을 MOOC 기초형태로 강의하였는데 이러한 연이은 스탠포드대학의 실험적인 MOOC수업에 대한 높은 관심도를 계기로 스탠포드대학의 세바스찬 교수는 마침내 MOOC를 체계적으로 제공할 수 있는 시스템인 'Udacity(유다시티)'를 만들어 2012년 제공하기 시작했습니다.

스탠포드대학 교수인 Thurn이 시작한 Udacity와 더불어 같은 대학의 컴퓨터 공학 교수인 Ng교수와 Koller교수는 또 다른 형태의 MOOC 프로그램인 'Coursera(코세라)'를 설립하였습니다.

그 후 MIT가 MITx를 시작했고 하버드대학이 참여하면서 edX로 명칭이 변경되었으며 이를 계기로 캘리포니아 버클리 대학 등 미국 내 명문 대학들이 참여하여 활발한 운영 중에 있습니다.

from 오예진(2017). 미국 MOOC 사례를 통해 본 한국형 무크의 발전방향 모색 : 고등교육을 기반으로 한 평생교육의 관점을 중심으로, 평생교육HRD 연구, 13(1), 103-135.

Letter 7
사내강사가 필요한가요?

조직 내에서 공식적으로 강단에 서는 구성원들이 있습니다. 이른바 사내강사입니다. 이들은 자신의 직무와 관련된 지식과 기술은 물론, 경험과 사례 등을 조직의 미션과 비전 그리고 가치와 연계하여 동료들에게 전달하고 공감과 의지를 이끌어냅니다.

조직에서 사내강사는 주로 해당 분야의 전문가나 고경력자들이 하는 경우가 많지만 내부에서 선발된 이들도 포함됩니다.

그렇다고 해서 이에 부합하는 이들 모두가 강단에 설 수 있는 것은 아닙니다. 직무에 대한 전문성이나 경험만으로는 강단에 서기 쉽지 않습니다. 자신이 속한 조직과 업業에 대한 오너십 ownership이 그 바탕에 있어야 합니다. 그리고 구성원들 앞에 서는 것에 대해서도 즐거워할 수 있어야 합니다.

즐거움을 느끼기 위해서는 자발성과 주도성 등을 비롯해서 해당 분야에 대한 지식과 스킬도 필요합니다. 이를 한마디로 정리하면 강의 역량이 있어야 한다는 것입니다. 이렇게 보면 사내강사는 아무나 할 수 있는 것은 아닙니다.

수면 위로 보이는 사내강사의 역할은 단순히 자신의 지식과 경험을 전달하는 것처럼 보이지만 수면 아래에는 그 이상의 역할이 있습니다.

먼저 조직의 변화주도자 혹은 변화관리자change agent로서의 역할입니다. 사내강사는 직무와 관련된 개선사례나 방안 등을 제시함으로써 현장의 변화를 이끌어내기도 하지만 경우에 따라 조직문화를 바꿔 나가는데 있어 구성원들간 공감대를 형성하거나 이를 실행으로 옮기는 계기를 마련해 줄 수도 있습니다.

물론 한 명의 사내강사가 직접 하기에는 어려울 수 있습니다. 하지만 커다란 눈사람을 만들고자 할 때 주먹크기만한 눈덩이로 시작한다는 것을 떠올려보면 아예 불가능한 것도 아닙니다.

다음으로는 지적자산 승계자intellectual assets successor로서의 역할입니다. 조직에는 오랜 시간동안 축적되어 온 지식과 경험 그리고 기술 등이 존재합니다. 이와 같은 내용들 중 상당량은 조직 내 존재하는 문서나 파일 등을 비롯해서 공식적인 경로를 통해서는 알 수 없는 경우가 많습니다. 그리고 개인적으로 체화體化되어 표현하거나 설명하기 어려운 경우도 있습니다.

사내강사는 이와 같은 암묵지tacit knowledge를 형식지explicit knowledge화하여 조직의 지적자산을 관리하고 활용하며 구성원들에게 승계하는 중요한 매개체가 될 수 있습니다.

그리고 구성원들의 역할 모델role model로서의 역할도 있습니다. 지식이나 경험 그리고 직무능력만으로 강단에 설 수는 없습니다. 강단에 세워서도 안됩니다. 이를 상회하는 인성과 인품도 갖추어야 합니다. 대내·외적인 신뢰와 인정도 필요합니다.

사내강사의 입을 통해 전달되는 내용을 비롯해서 사내강사의 태도를 통해 보여지는 모든 것들은 직·간접적으로 구성원들에게 영향을 미치기 때문입니다.

그래서 사내강사는 적어도 강의에서 다루고자 하는 내용에 대해서는 현업 현장과 강의장에서 몸소 실천해야 합니다.

사내강사가 이와 같은 역할을 할 수 있고 해야 하는 이유는 구성원들과 같은 조직에 있어 상대적으로 이질적이지 않으며 현장의 언어와 내부의 사례 등을 공유하고 있는 동료이자 직무와 역할에 대한 선경험이 있는 선배이기 때문이기도 합니다.

사내강사의 중요성은 이미 많은 사례와 연구 등을 통해 제시된 바 있습니다. 사내강사는 일반적으로 직무수행역량이 탁월하며 조직과 동료에게 친화적입니다.

이와 같은 특성은 자연스럽게 조직과 직무몰입organizational commitment & job engagement으로 이어지게 됩니다. 더군다나 사내강사는 스스로 손을 들어 할 수 있는 직책이 아니기에 조직 내 인정도 가미됩니다.

그래서 해외 기업의 경우, 사내강사는 소위 말하는 핵심인재 중에서 선발하며 사내강사에 의해서만 구성원 교육을 하는 곳도 있습니다. 이와 같은 이유 등으로 인해 해당 기업의 구성원들은 사내강사로 선발되었다는 것에 대한 개인적인 자부심도 큰 편입니다.

조직에서 사내강사를 통해 얻을 수 있는 효과는 많습니다. 개인적인 측면에서 보면 사내강사 개인의 직무수행 역량을 향상시킨다는 점입니다.

강의를 해 본 경험이 있다면 강의에 앞서 많은 준비를 해야 한다는 것을 모르지 않습니다. 대충 준비해서는 강단에 서기 어렵습니다. 같은 내용일지라도 학습자의 특성이나 변화하는 환경 등을 고려해서 준비해야 합니다.

이런 점에서 볼 때 사내강사로서 강의를 준비하는 과정은 곧 직무에 대한 학습의 과정이며 치열한 고민의 과정입니다. 그래서 사내강사는 가르치면서 배우는learning by teaching 위치에 있다고 할 수 있습니다.

조직적인 측면에서 보면 구성원들에게 다른 차원의 직원 경험employee experience을 제공해 줄 수 있다는 점도 있습니다.

사내강사의 경험을 하게 된 구성원들은 Chip & Dan Heath가 '순간의 힘원제: The Power of Moments'이라는 책에서 제시한 바 있는 황홀감elevation, 통찰insight, 스스로에 대한 자부심pride 그리고 타인과의 교감connection 등을 느낄 수 있습니다. 그리고 이를 통해 조직과 일 그리고 동료에 대해 긍정적인 마인드가 형성되기도 합니다.

아울러 조직에서 사내강사를 양성하는 과정을 마련하고 운영한다면 구성원들의 프레젠테이션 스킬과 스피치 역량 등이 향상되는 것은 덤으로 얻을 수도 있습니다.

앞서 언급한 내용들은 조직에서 사내강사를 양성하고 제도화해야 하는 여러 이유 중 하나가 될 수 있습니다.

이와 더불어 양질의 사내강사가 많은 조직은 자연스럽게 학습하는 문화가 조성됩니다. 동료 학습peer learning이 활성화되고 그 과정에서 그룹 다이나믹스group dynamics가 발생할 수도 있습니다.

이는 조직의 지속적인 성장을 비롯해서 성과 창출을 위해 간과할 수 없는 내용들이기도 합니다.

따라서 조직의 HRD와 HRM에서는 사내강사를 하나의 직무차원에서 단순하게 접근할 것이 아니라 인재육성차원에서 보다 거시적인 관점을 가지고 전략적으로 접근해 볼 필요가 있습니다.

영국의 철학자이자 교육자인 알프레드 화이트헤드Alfred N. Whitehead는 '좋은 교사는 설명하고 훌륭한 교사는 모범을 보이며 위대한 교사는 불을 지핀다'고 했습니다.

개인의 미래는 지금 누구에게 어떤 교육을 어떻게 받고 있는지에 따라 영향을 받습니다. 그리고 조직의 구성원들에게는 좋은 교사이자 훌륭한 교사를 넘어 위대한 교사가 필요합니다.

이런 측면에서 보면 지금 구성원들 앞에 서있는 사내강사를 다시 주목해 볼 필요가 있습니다. 그리고 사내강사에게 기대할 수 있는 역할을 수행할 수 있도록 지원하고 이를 펼칠 수 있는 장을 마련해봐야 합니다.

◆암묵지와 형식지

지식은 그 특성에 따라 명시적explicit 지식과 암묵적tacit 지식으로 구분됩니다. 명시적 지식은 언어나 문자에 의해 습득이 가능한 지식으로써 문서나 디지털화된 자료 등으로 공식화하고 정형화할 수 있습니다. 그래서 명시적 지식은 쉽게 교류되고 전달됩니다.

하지만 암묵적 지식은 대면접촉, 조직구성원의 행동 등을 통해 나타나고 습득되는 지식으로써 명시적 지식에 비해 추상적이고 비정형적인 특성이 더 강합니다.

이러한 지식의 창출과 공유의 과정은 개인수준에서 시작되어 그룹수준을 거쳐 조직수준으로 연계됩니다. 즉 조직구성원들은 조직 내·외부로부터 지식을 습득하고 이를 자신이 보유하고 있는 기존의 지식들과 통합하고 재구성하는 과정 등을 통해 지식을 창출하고 공유하게 되는데 이와 같은 과정이 순환되면서 조직차원의 지식으로 확산되는 것입니다.

이처럼 명시적 지식과 암묵적 지식은 상호보완적이며 이를 통해 새로운 지식이 창출됩니다. 이와 관련 Nonaka, Von Krogh & Voelpel은 조직의 지식창출과정이 사회화socialization, 구체화externalization, 조합combination, 내재화internalization와 같은 단계를 거쳐 명시적 지식이 암묵적 지식으로 확장되고 통합된다고 했으며 이를 위한 학습조직 구축의 중요성을 주장했는데 조직에서는 이와 같은 지식의 창출과 활용을 위해 CoP로 접근해왔습니다.

from 김희봉(2020). 기업 내 CoP에 영향을 주는 요인에 관한 사례 연구: 국내 대기업 A사 HRD부문 CoP 활동참여자를 중심으로, 기업교육과 인재연구, 22(3), 179-202.

◆직무몰입

Kahn에 의해 최초로 정의된 직무몰입은 직무와 관련된 건강상태를 측정하는 개념으로 조직 종업원이 업무를 수행하면서 자신의 인지적, 정서적, 행동적 에너지를 동시에 투입하는 것을 의미합니다.

Schaufeli와 Bakker는 직무몰입의 구성개념으로 활력, 헌신, 몰두를 제시하면서 종업원 자신의 업무에 대하여 에너지 넘치는 활력과 헌신하고 몰두하는 정서적 상태로 정의하고 있으며 Saks는 직무몰입을 인지적, 감정적, 행동적 요소로 구성된 특징적이며 명확한 구조로서 직무몰입과 조직몰입으로 구분하여 다차원적 개념으로 설명하고자 하였습니다.

직무몰입과 관련된 초기의 많은 연구들은 공통적으로 Schaufeli의 측정척도 개발 시점과 함께 진행되었으며, 직무자원이 직무몰입 수준을 높여 조직수준의 성과 및 개인의 성장과 발전과 같은 개인 수준의 결과 변수에 긍정적인 영향을 미친다는 연구결과를 제시 하였습니다.

Eldor와 Harpaz에 의하면, 종업원들 스스로가 육체적, 인지적, 감정적인 에너지를 자신들의 일에 투입하게 되는 직무몰입이 조직 경쟁력을 확보하는데 있어 매우 중요한 의미를 지닌다고 주장하였습니다.

from 전호성, 송해덕(2018). 조직침묵, 직무몰입, 조직공정성, 이직의도 간 구조적 관계연구, HRD연구, 20(2), 87-112.

◆조직몰입

조직몰입은 조직 구성원들이 조직의 목표와 가치를 향해 노력하고, 자신이 속한 조직과 자신을 동일시하며 조직에 몰두하는 경향으로 조직목표와 가치에 대한 강한 신뢰와 수용, 조직을 위하여 열심히 노력하고자 하는 의지, 조직 구성원으로 남고자 하는 강한 욕구 등이 포함됩니다.

Allen과 Meyer은 조직몰입에 대해, 조직에 대한 감정적·심리적 애착을 뜻하는 정서적 몰입affective commitment, 더 나은 대안이 없는 데서 비롯한 계산적이고 거래적인 지속적 몰입continuance commitment, 조직에 대한 의무 기반의 규범적 몰입normative commitment으로 구분하였습니다.

조직몰입의 선행요인 중 상사 신뢰는 조직몰입과 긍정적 영향 관계에 있는 요인으로, 조직몰입을 통해 조직은 긍정적 성과를 기대할 수 있습니다. Abdillah 등의 연구에서 상사 신뢰는 구성원의 조직몰입에 정적인 영향을 미쳤고, 조직몰입을 통해 조직 침묵과 같은 부정적 결과를 감소시켰습니다. Yang과 Mossholder의 연구 또한, 상사에 대한 신뢰가 구성원의 정서적 조직몰입을 통해 직업 만족도에 긍정적 영향을 미쳤다고 했습니다.

이러한 상사 신뢰와 조직몰입의 영향은 관계 응집성 이론으로 설명할 수 있습니다. 관계 응집성 이론에서는 구성원 간에 이익을 추구하거나 불확실성을 줄이려는 노력이 시간이 지남에 따라 긍정적 대인관계를 형성하게 됩니다. 이때 구성원 간에 지속적인 연결 기회가 생기거나 적절한 교류의 대상을 선택하거나 조직 구성원으로 소속감을 인식하는 등의 특정 조건이 발생하면 구성원의 긍정 정서가 조직 전체로 확대될 수 있습니다.

from 조현아, 공정민, 송세경, 심현정, 송지훈(2022). 코로나-19로 인한 재택근무 상황에서 상사 신뢰가 직장고립에 미치는 영향: 조직몰입과 재택근무 강도의 조절된 매개효과를 중심으로, HRD연구, 24(1), 181-214.

◆ 직원경험

직원경험이라는 개념은 2017년 글로벌 컨설팅사인 딜로이트 보고서에서 처음 소개되었습니다. 딜로이트는 고객경험과 사용자 경험과 비교될 수 있는 개념으로 접근하여 조직구성원 관점에서 생애주기에 접하는 모든 터치 포인트에서 구성원들이 조직과 조직 내에서의 본인들의 역할에 대해 느끼는 전반적인 인식으로 설명하고 있습니다.

이후 글로벌 메이저 컨설팅사들이 직원경험 관련 보고서를 잇달아 출간하면서 직원경험에 대한 정의를 구체화해 나갔습니다. 같은 해 Bersin은 조직과 구성원간의 여러 관계에 걸친 상호작용물의 결과로써 구성원들이 회사 그리고 회사에서의 본인들의 역할에 대한 전반적인 인식의 개념으로 직원경험을 정의하였습니다.

예를 들어 맥킨지는 개인, 팀 및 회사의 성과 강화를 목적으로 열정을 자극하고 목적을 활용하여 개인화되고 진정한 경험이 창출되도록 회사와 구성원들이 상호 협력하는 것이라고 하였으며 IBM은 직원경험을 직원이 조직과의 상호작용에 대한 업무 경험에 대해 갖는 인식으로 최근 가트너는 직원경험을 기업의 고객, 리더, 부서, 업무 프로세스, 방침, 시스템, 근로환경과의 상호작용에 따라 누적된 결과들을 통해 직원들이 갖게 되는 인식과 감정으로 정의하였습니다.

직원경험의 구성요소로 현재 가장 널리 활용되는 것은 작가이자 미래학자인 Jacob Morgan의 연구입니다. 그는 직원경험의 핵심은 직원들이 더 쉽게 공감할 수 있도록 문화, 기술, 물리적 환경에 초점을 맞춰 직원들이 출근하고 싶은 조직을 설계하는 것이라고 주장하였습니다. 이러한 표현에는 직원이 조직과 상호작용하면서 경험하는 여정과 관계 전체를 포함하고 있습니다.

또한 그는 직원경험을 물리적, 기술적, 문화적 환경으로 구분하였습니다. 물리적 환경은 직원들이 실제로 일하는 공간을 의미하며 기술적 환경은 우리가 사용하는 애플리케이션부터 하드웨어, 소프트웨어, 유저 인터페이지 및 설계에 이르는 모든 것을 포함합니다. 마지막으로 문화적 환경이란 조직의 분위기 그리고 그러한 분위기를 창출하는 것들을 통칭합니다.

from 김치풍, 이형규(2022). 조직지원인식이 조직시민행동에 미치는 영향: 직원경험의 매개효과, 경영컨설팅연구, 22(2), 91-104.

HRD는 어떤 매력이 있나요?

HRD Human Resources Development에 대해 관심을 갖고 있다면 HRD에 대한 나름의 주관이 필요합니다. 어떤 분야일지라도 마찬가지 겠지만 주관이 없는 경우, 이리 저리 흔들리기가 쉽고 가치나 의미를 찾기 어려우며 만족이나 보람을 느끼는 것에도 한계가 있기 때문입니다.

20여년이 넘는 기간 동안 HRD분야에 마음과 몸을 담고 있으니 자연스럽게 주관이 생겼습니다. 한마디로 표현하면 "HRD는 Y"라는 것입니다. 물론 중의적이며 다의적인 표현입니다.

첫 번째 Y는 알파벳을 그대로 적은 것으로 HRD를 하는데 있어 기본이라고 할 수 있습니다. HRD가 Y라는 것에 대한 부연 설명은 HRD를 하는 사람은 "Y"론적 인간관을 가져야 한다는 것을 의미합니다. 이에 대해서는 맥그리거 교수D. McGregor의 '기업의 인간적 측면원제: The human side of enterprise'에 자세하게 설명되어 있습니다.

이를 동양의 언어로 바꾸어 설명하면 성선설性善說에 입각해서 사람을 봐야 한다는 것입니다. 즉 사람의 본성은 선천적으로 착하기 때문에 교육을 통해 악해지지 않도록 해야 한다는 것입니다. 만일 HRD가 Y론과 성선설이 아닌 X론과 성악설性惡說에 기반한다면 교육은 성장과 발전이 아니라 관리와 통제의 수단으로 전락하게 될 수 있습니다.

두 번째 Y는 영어 단어인 'Why'를 한글로 표기한 것으로 HRD의 출발점이라고 할 수 있습니다. 이는 HRD를 하는데 있어 'Why'로 시작해야 한다는 것을 의미합니다. HRD에서 접근할 수 있는 대상과 내용 그리고 방법은 헤아리기 어려울 정도로 다양합니다. 또한 각각의 내용과 방법들의 효용성도 분명히 있습니다.

하지만 여러 가지 중 "왜 그것을 혹은 그 대상을 해야 하는 가?" 등과 같은 질문을 스스로 하지 않거나 답을 할 수 없다면, 즉 본질에 대한 접근이나 배경이 없다면 최선의 선택을 기대하기 어렵습니다. 그리고 이와 같은 결과는 HRD의 지속성이나 확장성에 큰 걸림돌이 될 수도 있습니다.

세 번째 Y는 일본어 "わーい"입니다. 감탄사로 '와이'로 발음합니다. 이 단어의 사전적 정의는 기쁜 일이 생겼을 때나 흥분 혹은 놀라움을 나타낼 때 내는 소리입니다. 이는 HRD의 모든 이해관계자의 입으로부터 나와야 할 말이라고 할 수 있으며 HRD의 결과에 해당됩니다.

HRD가 수행하는 영역은 개인개발로부터 조직개발에 이르기까지 광범위합니다. 게다가 대상도 다양하고 콘텐츠나 방법적인 측면에서도 업무수행의 자유도가 높은 편에 속합니다. 그래서 HRD는 누가 하느냐에 따라 과정과 결과 모두 천차만별입니다. 이는 비록 같은 콘텐츠와 방법을 적용할지라도 결과가 다른 것을 보면 알 수 있습니다.

따라서 많은 시간과 예산 투자 그리고 수많은 학습자들을 대상으로 하는 HRD는 출발점만큼 도착점도 중요하며 소위 말하는 고객감동과 고객만족을 선사해야 합니다. 물론 HRD의 주체도 마찬가지입니다.

이와 같이 HRD를 세 가지의 Y로 접근해보고자 한다면 다독多讀, 다작多作, 다상량多商量에 주목해 볼 필요가 있습니다. 이는 많이 읽고 많이 쓰고 많이 생각하라는 뜻으로 이른바 '삼다三多'로 알려져 있습니다. 주로 글쓰기의 기본으로 회자되고 있는데 HRD에 접목해도 손색이 없습니다.

먼저 사람을 보는 관점은 경험에만 국한되어서는 안됩니다. 개인이 직접 경험할 수 있는 사람은 한정적인데 HRD를 하는 입장에서 보면 관점의 확장이 필요합니다. 이에 대해 비교적 빠른 시간 안에 객관성을 유지하면서 양적으로나 질적으로 충족시킬 수 있는 방법 중 하나는 독서입니다. 문사철(문학, 역사, 철학)이라고 불리기도 하는 인문학을 비롯해서 심리학과 경영학 등 인간에 대해 다루고 있는 제반 도서와 친숙해질 필요가 있습니다.

다음으로 HRD는 말이 아닌 손으로 해봐야 합니다. 이는 직접 써봐야 한다는 것입니다. 해야 하는 이유나 전달하고자 하는 내용을 비롯해서 기대하는 결과물 등에 이르기까지 HRD의 주체자는 각각의 콘텐츠나 방법들을 기술할 수 있어야 합니다. 그 내용이 비록 습작일지라도 머릿속으로 생각하거나 말로 표현한 것과는 전혀 다른 결과를 가져올 수 있기 때문입니다. 그리고 직접 써보는 과정에서 부족한 부분이나 보완해야 할 부분 혹은 필요 없는 부분 등을 선별할 수도 있습니다.

아울러 생각은 평소에 많이 해야 합니다. 단순한 상상이나 공상을 이야기하는 것이 아닙니다. 그동안 읽고 썼던 여러 가지 내용들을 이어보는 생각이 필요합니다. 굳이 스티브 잡스의 "점들을 연결하라connecting the dots"를 설명하지 않더라도 생각과 생각 그리고 경험과 경험을 연결해야 하는 것에 대한 의미와 중요성은 익히 알고 있을 것입니다.

HRD는 상생win-win이 기본입니다. 이는 상대방을 성장시킴으로써 스스로도 성장하는 연결고리를 가지고 있다는 것입니다. 그리고 HRD는 항상 남는 것이 있습니다. 기획하거나 준비하고 전달하는 주체는 물론, 이를 받아들이는 이들 역시 학습하기 때문입니다.

이런 점에서 보면 HRD는 꽤나 매력적입니다. 이와 같은 매력에 매력을 더하고자 한다면 또한 계속 매력을 느끼고자 한다면 HRD를 Y로 바라보고 앞서 언급한 내용들에 대해 시도를 해보기를 권합니다.

◆X/Y론적 인간관

더글라스 맥그리거에 의하면 경영자나 관리자는 구성원을 대하는 관점이 경험을 통하거나 또는 타성적인 속단에서 보통 다음과 같은 인간관을 가진다고 하였습니다.

먼저 X론적 인간관을 지니고 있다면 인간은 선천적으로 일을 싫어하며 가능한 한 일을 하지 않고 지내며, 기업 내의 목표달성을 위해서는 통제·명령·상벌이 필요하다고 가정합니다. 구성원은 대체로 평범하고 자발적으로 책임을 지기보다는 명령받기를 좋아하고 안전제일주의의 사고·행동을 취한다 등과 같은 생각을 한다고 했습니다.

맥그리거는 이러한 관점이 명령통제에 관한 전통적 견해이며 낡은 인간관이라고 비판하였으며 이와 같은 인간관에 입각한 조직원칙·관리기법으로는 새로운 당면문제나 목표달성을 위해 조직의 총력을 결집하는 행동을 바라기 어렵다고 하면서 X이론을 대신할 새로운 인간관으로서 다음과 같은 Y이론을 제창하였습니다.

Y론적 인간관은 오락이나 휴식과 마찬가지로 일에 심신을 바치는 것은 인간의 본성이다. 그리고 상벌만이 기업목표 달성의 수단은 아니다. 또한 조건에 따라서 인간은 스스로 목표를 향해 전력을 기울이려고 한다 등과 같은 생각을 한다고 하였습니다. 즉 책임의 회피, 야심의 결여, 안전제일주의는 인간의 본성이 아니라는 것이며 새로운 당

면문제를 잘 처리하는 능력은 특정인에게만 있는 것은 아니고 오히려 현재 기업 내에서 인간의 지적 능력이 제대로 활용되지 않고 있을 가능성이 많다고 주장했습니다.

이와 같은 Y이론은 인간의 행동에 관한 여러 사회과학의 성과를 토대로 한 것인데 이러한 사고방식을 가진다면 구성원들은 자발적으로 일할 마음을 가지게 되고 개개인의 목표와 기업목표의 결합을 꾀할 수 있으며 능률을 향상시킬 수 있다고 보았습니다.

from NAVER 두산백과

Letter 9

HRD는 유행을 따라가야 하나요?

　미국의　인재개발협회Association for Talent Development, 이하 ATD는 매년 10,000여 명 이상이 모이는 HR컨퍼런스를 주최하고 있습니다. 최근 들어 달라진 점이 있다면 COVID-19의 영향을 받아 온라인과 오프라인을 병행하고 있다는 것입니다.

　ATD 컨퍼런스는 세계 각국 및 기업의 HR담당자 및 관계자들을 대상으로 지식과 정보를 공유하는 장이며 HRD의 트렌드를 살펴볼 수도 있습니다.

　그래서 직접 참가하지는 않더라도 컨퍼런스가 종료되면 다양한 형태의 자료가 보고debriefing되고 공유되며 필요에 따라서는 조직 내에서 별도의 학습이 이루어지는 경우도 있습니다.

2021년에 열린 ATD21에서 다루어진 내용을 살펴보면 예년과 마찬가지로 300여개 정도이며 COVID-19의 직접적인 영향으로 2020년에만 한시적으로 개설되었던 디지털 트랜스포메이션digital transformation과 가상훈련virtual training 트랙을 제외하면 전반적으로 크게 달라지지 않았습니다.

그러나 각 트랙별 다루어지는 내용의 증감 추이로 볼 때 몇 가지 주목해봐야 할 점이 있습니다.

먼저 과거에 비해 리더십 개발leadership development과 경력개발career development에 대한 비중이 증가했다는 것입니다. 대략 150% 이상 증가했습니다. 이는 COVID-19 팬데믹으로 인한 비즈니스 환경, 구성원들 간의 관계 그리고 근무형태의 변화 등과 관련된 것으로 여겨집니다. 아울러 이와 같은 변화에 따라 구성원들의 몰입과 조직관리 측면에서의 중요성이 부각되었기 때문이라고도 볼 수 있습니다.

다음으로는 COVID-19 상황에서도 전통적으로 다루어지고 관심을 보였던 영역들이 회복되거나 유지되고 있다는 것입니다. 예를 들면 인재경영talent management, 교수설계instructional design, 교수법training delivery, 학습기술learning technology, 학습과학the science of learning, 학습분석learning measurement & analytics 등인데 이와 같은 영역은 여전히 HRD의 기본이며 간과할 수 없다는 것을 보여줍니다.

아울러 COVID-19 확산으로 인해 상대적으로 관심이 증가된 영역도 있습니다. 이른바 소셜 러닝social learning, 마이크로 러닝micro learning, 블랜디드 러닝blended learning 등으로 일컬어지고 있는 것들입니다. 이는 비대면 교육의 확산과 학습환경 조성에 따른 것으로 이를 위한 교수설계 및 매체 그리고 전달방법 등이 주를 이룹니다.

물론 단순한 비교지만 전반적인 추이를 보면 COVID-19이 HRD에 있어 변수임에는 틀림이 없어 보입니다. 다행스러운 것은 통제불가능한 변수가 아니라 통제가 가능한 변수라는 점입니다.

이러한 측면에서 HRD에서 생각해봐야 할 점들이 있습니다. 우선 HRD가 교육education에서 학습learning으로 전환되고 있다는 것입니다. 학습의 변화는 HRD 현장 곳곳에서 일어나고 있습니다. 학습자의 능동성과 자율성 그리고 적극성 등이 전제가 되어야 하지만 이미 학습자 중심의 교수설계가 이루어지고 있고 학습자의 경험과 호기심에 기반한 콘텐츠들이 개발되고 있습니다. 학습공간은 물리적 공간뿐만 아니라 가상의 공간으로 확장되었습니다.

다음으로는 HRD의 본질에 대한 이해와 가치에 기반한 접근이 요구된다는 것입니다. 우리가 일상에서 보는 다양한 색의 본질은 RGBRed, Green, Blue입니다. 이 세 가지 색의 조합으로 수많은 색이 만들어지는데 HRD 역시 마찬가지라고 할 수 있습니다. HRD의 본질에 기반하기 위해서는 인문학을 비롯해서 심리학, 조직행동, 경영학, 경제학 등에 대한 연구와 학습은 필수불가결합니다.

또한 HRD는 HRD 자체가 지니고 있는 독립적 가치뿐만 아니라 보완재적 가치와 고객기반 가치를 찾아봐야 한다는 것입니다. 보완재적 가치는 HRD가 매개가 된 가치를 의미하며 고객기반 가치는 HRD의 주체와 객체간의 연결성에 의한 가치를 의미합니다. 이를 위해서는 창의성과 다양성에 기반한 접근이 요구됩니다.

이와 함께 HRD는 조직냉소주의organizational cynicism를 해소하고 하이브리드hybrid 형태로 진화할 필요가 있습니다. 조직냉소주의란 소속 조직에 대한 구성원들의 불신, 좌절, 실망감, 무관심 등과 같은 부정적인 정서와 태도를 의미합니다. 이를 해소하기 위해 조직문화 개선과 리더십 개발은 우선순위가 높습니다.

교육방법 측면에서는 온라인과 오프라인이 조화를 이룬 하이브리드형 학습을 준비하고 전개해나가야 합니다. 이는 이미 증강현실Augmented Reality, AR, 가상현실Virtual Reality, VR, 혼합현실Mixed Reality, MR 등과 같은 신기술이 HRD 분야에 접목되고 있지만 여전히 사람들 간의 직접적인 접촉이 갖는 매력은 사라지지 않기 때문입니다. 예를 들어 각종 기술로 인해 실재감이 극대화되어도 직접 손을 잡고 즐기는 데이트는 여전히 유효하며 HRD에 있어서도 다르지 않습니다.

끝으로 HRD를 수행하는 과정에서 다음과 같은 질문들을 생각해보고 답을 찾아봐야 합니다. HRD가 문제의 본질에 접근하고 있는지? HRD는 문제가 해결된 상태에 대한 청사진을 가지고 있는지? 유행이나 트렌드에 빠져있는 것은 아닌지? 다양한 생각과 시도를 해보고 있는지? 그리고 우리 조직과 비즈니스, 구성원들에게 적합한 HRD가 이루어지고 있는지?

◆소셜 러닝

소셜 러닝은 '소셜 네트워크 내에서 개인을 넘어 사회적 단위의 상호
작용을 통한 인식의 변화', '온라인 커뮤니티 작업환경에서 소셜 미디
어를 활용한 모든 커뮤니케이션 학습활동', '소셜 미디어를 기반으로
한 참여적 학습', '소셜 미디어나 소셜 네트워킹 도구를 수업활동에 보
조적으로 활용하는 혼합형 학습형태' 등으로 다양한 의미로 정의되고
있습니다.

소셜 러닝은 웹 공간의 소셜 네트워크를 기반으로 협업·소통 등을 통
해 배움을 실현해 나가는 과정이고, 소셜 미디어를 통해 학습 효과를
거두는 개념으로 개인의 능동성과 타인과의 관계 형성을 강조합니다.
여기에서 '소셜'은 참여, 개방, 공유, 협업 등을 포괄하며, 소셜 미디어
는 기존의 지식 전달 위주의 교육에서 부족했던 교수자, 학습자 간의
소통을 증진시키는 역할을 담당하고, 협업을 위해 매우 편리하고 다
양한 수단으로 이용되기도 합니다.

이와 같은 소셜 러닝의 특성을 정리하면 다음과 같습니다. 소셜 러닝
이 발생하는 온라인 커뮤니티는 공통의 관심사와 목표 등 다양한 지
식정보를 공유할 수 있는 네트워크이자 상당한 지식원천이며, 구성원
들은 타인이 제공한 정보를 통해 지식을 획득하기도 하고, 직접적으
로 정보를 전달받아 사용할 수도 있어 활동이 점차 증가하고 있는 추

세입니다.

소셜 러닝은 단순히 교육에 소셜 미디어를 이용하는 것이 아니라 소셜 미디어의 장점을 교육에 도입하여 관계를 바탕으로 한 소통과 협업을 통해 참여를 유도하는 활동으로 Twitter, Youtube 등의 소셜 미디어를 활용하여 수업을 진행하면 원활한 커뮤니케이션과 친밀감의 형성이 가능하며, 소셜 네트워크를 이용하여 상호 피드백을 통한 창의적 작업의 검증 및 공감의 획득, 동료의 지원, 과제에 대한 도움을 주고받는 등 비정형 학습과 정형 학습을 넘나드는 활동으로서 소셜 러닝 기능을 이용하고 있습니다.

또한 SNS를 이용한 교육은 학교와 연관된 스트레스의 감정적 분출구 역할, 창의적 작업의 유효성 평가, 동료 간 상호 지원 등 직·간접 적으로 기존의 학습을 보조할 수 있고, 교육을 위한 사회적인 이익, 온오프라인의 관계 등을 고무시킬 수도 있는 것으로 나타나고 있습니다.

from 한상우(2014). 소셜 러닝 커뮤니티에서 학습자의 지식소싱 행위가 지식 활용 성과에 미치는 영향. 정보관리학회지, 31(2), 173-188.

◆블랜디드 러닝

블랜디드 러닝은 '학습자들의 학습 성과를 향상시키기 위하여 두 가지 이상의 제시 방식 또는 전달 방식을 결합하는 것'이라는 정의가 일반적으로 통용됩니다.

이와 같은 관점에서 Driscoll은 학습자의 역량수준에 맞춰 다양한 내용전달방식을 조합함으로써 학습 내용을 효율적으로 구성하는 것을 블랜디드 러닝이라 언급하며 그 형태를 다양한 웹 테크놀로지 간의 조합, 최적의 학습 결과 창출을 위한 다양한 교육학적 접근방법론 간의 조합, 온라인 방식과 면대면 방식 간의 조합 그리고 학습과 업무의 조화로운 결과 창출을 위한 교수공학과 실제적인 업무과제 간의 조합 등으로 분류하였습니다.

또한 Singh & Reed는 블랜디드 러닝을 혼합한 형태를 학습공간의 통합, 학습형태의 통합, 학습유형의 통합, 학습내용의 통합, 학습과 일의 통합 등으로 분류하고 특히 온라인 환경에서 학습한 것을 교실 환경으로 확장하는 과정 그리고 교실환경에서 경험한 사실을 온라인 환경으로 해석하여 전이하는 이중적 과정을 통해 학습을 강화한다는 것에 관심을 가졌습니다.

이러한 온라인과 오프라인 학습 환경 간의 혼합으로서의 블랜디드 러닝은 가장 일반적인 정의로 학교 현장에 적용되고 있는 개념입니다.

이에 블랜디드 러닝은 온라인과 오프라인 교육과정의 결합적 의미에서 출발하여 온라인과 오프라인의 연계 전략과 이러한 전략을 지원하기 위한 적절한 학습 방법론의 결합 그리고 학습 경험과의 결합 등으로 이해하는 것이 타당합니다.

from 김용범(2010). 수준별 학습 패턴을 적용한 블랜디드 러닝 모형의 개발,
한국콘텐츠학회논문지, 10(3), 463-471.

Letter 10

어떤 강사를 선택하면 좋을까요?

누구에게나 본능이 있습니다. 생각하지 않고도 자연스럽게 나오는 말과 행동은 경우에 따라 자칫 의도치 않은 결과를 불러 일으키기도 합니다. 일상에서 흔히 접할 수 있는 본능은 현재 처한 상황이나 환경에 대한 불평이나 스스로에 대한 과시 혹은 어떤 일을 할 때 가능한 쉽고 편한 방법을 선택하려는 것 등입니다.

많은 경우 본능대로 했을 때 남는 것은 그리 긍정적이지 않습니다. '그렇게 하지 말 걸', '이렇게 했어야 했는데', '다음에는 이렇게 해야지' 등과 같이 주로 후회와 아쉬움 그리고 앞으로의 다짐 정도가 남습니다. 그러나 이에 대한 개선이 이루어지지 않으면 매번 같은 결과를 마주하게 됩니다.

강단에 서는 교수자 역시 이러한 본능에서 자유롭지 않습니다. 이를 테면 강의 환경이나 장비 혹은 학습자의 분위기를 탓하거나 "나 때는 말이야"와 같은 말로 시작하는 자신의 옛 이야기를 하는 것입니다. 교안을 만든다면 소위 말하는 복사해서 붙여넣기ctrl c + ctrl v 등과 같이 상대적으로 쉽고 편리한 방법을 택하는 것도 일종의 본능에 포함됩니다.

이러한 본능 몇 가지를 더 살펴보면 강의준비를 위한 시간을 소홀히 한다는 것입니다. 그 배경에는 잘 알고 있는 내용이라든지 이미 여러 번 강의한 적이 있다든지 등 여러 가지 이유가 있습니다. 하지만 교수자로서 강의 준비에 할애해야 할 준비시간은 실제 강의시간 대비 적어도 10배 정도가 필요합니다.

다음으로 의도적이지는 않겠지만 어렵게 설명하려는 것도 있습니다. 부지불식간에 약어나 전문용어 등을 빈번히 사용하고 간결한 설명 대신 복잡한 설명을 택하는 것입니다. 이와 같은 강의에서는 학습자들의 불편함이 가중되고 질문도 나오지 않습니다. 반면 학습자들을 웃기려고 하는 것도 있는데 이 때 강의 주제와 메시지를 벗어나 주객이 전도되는 우를 범하지 않도록 해야 합니다.

이와 함께 교수자가 학습자보다 상대적으로 우위에 있다고 생각하는 것도 본능에 속합니다. 일종의 '나를 따르라'와 같은 태도로 학습자를 대하는 것입니다. 과거에는 일부 통했을지 몰라도 지금은 그렇지 않습니다. 강의현장에서 교수자는 지휘관 commander가 아니라 안내자guide여야 합니다.

본격적인 강의 장면으로 들어가보면 생각나는 대로 말하려는 경향도 발견됩니다. 이는 이른바 삼천포로 빠지게 되는 지름길입니다. 강의 주제와 동떨어진 내용을 전달하게 되면 준비한 내용을 건너뛰게 되고 시간도 초과하게 됩니다. 무엇보다 주제와 핵심을 벗어난 강의는 강의를 했다는 것 외에 남는 것이 별로 없습니다.

교안에 매달리는 것도 본능 중 하나입니다. 그러나 강의의 주인공이 교수자라는 것을 생각해보면 교안에 매몰되는 것은 주의해야 합니다. 한 장의 교안이 학습자들에게 노출되는 시간은 불과 1분 남짓입니다. 필요한 자료를 학습자가 보기 쉽게 담는 것만으로도 충분합니다. 교안의 역할은 학습의 편의나 시청각 효과를 제공하는 것과 같이 강의를 지원해주는 것입니다.

그런데 만일 교수자가 이와 같은 본능대로 강의를 하게 되면 어떻게 될까요?

한마디로 참사가 발생할 수 있습니다. 강의 현장에서의 참사란 학습자가 잔다거나 휴대폰을 만지작거리는 것을 포함해서 강의내용에 대해 기억하지 못하는 것 등을 말합니다.

교수자로서 이와 같은 참사를 방지하기 위해서는 몇 가지를 살펴봐야 합니다. 먼저 학습목표를 잊지 말아야 합니다. 학습목표는 교수목표와 교수학습방법 그리고 평가의 기준이 됩니다. 그래서 학습목표에 따라 강의를 준비하고 내용을 전달하게 되면 큰 문제가 발생하지는 않습니다.

다음으로는 학습자의 입장에서 접근해야 합니다. 학습자의 입장에서 접근한다는 것은 학습자의 참여 기회를 확대하는 것이기도 하고 교수학습 방법적인 측면에서의 다양화를 도모하는 것이기도 합니다. 이를 위해서는 교수자 중심이 아닌 학습자 중심에서 준비하고 실행해야 합니다. 이렇게 되었을 때 학습자들의 학습동기유발이나 교육의 효과도 기대해볼 수 있습니다.

이와 함께 교수자 스스로는 변화에 적극적이어야 합니다. 다양한 자극에 스스로를 노출시켜볼 필요도 있고 여행, 견학, 독서 등 새로운 경험을 하는 것에 대해서도 망설임이 없어야 합니다. 아는 만큼 보이고 보이는 만큼 전달할 수 있습니다.

아울러 사전에 강의 중과 강의 후의 자신의 모습이나 학습자의 반응에 대한 일종의 상상imagination을 해보는 것도 필요합니다. 어떤 모습을 기대하는지가 그려지면 그에 맞는 내용과 방법을 찾기가 훨씬 수월합니다.

교수자로서 강단에 선다면 이 밖에도 여러가지 고려해야 할 내용들이 많겠지만 무엇보다 교수자로서 자신에게 내재되어 있는 본능이 무엇인지를 인지해야 합니다. 그리고 이러한 본능이 어떤 상황에서 나오는지에 대해 분석하고 이를 미연에 방지하기 위한 노력을 해야 합니다.

이렇게 보면 어떤 경우에는 잘 되고 어떤 경우에는 안되는 소위 말해 로또와 같은 강의는 없습니다. 강의는 생각한 만큼 좋아지고 준비한 만큼 효과가 있기 때문입니다. 그리고 연습한 만큼 결과를 얻을 수 있기 때문이기도 합니다.

그래서 강단에 서는 모든 교수자는 강사의 질質이 곧 교육의 질質이라는 말을 다시금 되새겨 봐야 합니다. 그리고 교수자로서 바람직하지 않은 본능과 착각이 있다면 하루빨리 벗어나야 합니다. 강의가 교수자의 삶에서는 한 컷에 지나지 않을 수도 있지만 학습자의 삶에서는 한 편으로 다가올 수도 있기 때문입니다.

◆ 기업교육 강사

기업교육 강사란 기업이 지향하는 목적을 이루기 위해 실시하는 교육을 직접 수행하는 사람으로서, 기업 근로자를 대상으로 교수 활동을 펼치는 사람을 의미합니다.

강사는 기업의 성과 향상에 필요한 직무역량 개발 업무를 담당하고, 성인학습자의 특성과 해당 기업의 개별적 요구를 반영하여 프로그램을 개발하며, 개발된 컨텐츠를 바탕으로 학습자 수준에 맞는 난이도 및 형식을 고려하여 강의합니다.

강사들이 수행하는 교육은 주로 기업 근로자의 역량에 기초한 교육으로서, 크게 분류하면, 직장인으로서 필요로 하는 기본 소양과 태도 역량을 갖추기 위한 공통교육, 직무별 업무역량 강화를 위해 기술 향상에 초점을 둔 직무교육, 직급에 맞는 관리능력을 향상시키기 위한 직급별 리더십 교육 등으로 구분할 수 있습니다.

근로자 개개인의 역량 교육 외에도 팀이나 조직 단위의 전사 차원 조직개발 관련 교육으로 위기 대응, 조직 변화, 조직 활성화 등과 같이 다양한 주제, 대상, 규모, 프로그램 유형에 따라 전문성을 갖추고 분야별로 활발하게 활동하고 있습니다.

일반적으로 내부 강사를 사내강사, 외부 강사를 사외강사로 구분하는데 사내강사는 담당 업무와 관련되거나 특별한 분야의 전문 지식을 기반으로 강의를 하는 해당 기업의 임직원으로서 교육을 통한 조직 생산성을 높이는 역할을 담당합니다. 사내강사는 직급, 직무 전문성, 경력 등의 기준을 통해 추천과 모집 후 선발을 하고 이후 강사 양성과 정 및 관리 프로그램을 통해 육성됩니다.

사내강사들의 경우, 자사의 특성을 잘 알고 있으며 조직에서 요구하는 강의 내용을 적절하게 제공해 줄 수 있다는 장점이 있지만, 강의 내용이 다양하지 못하다는 한계와 함께 강사 양성에 있어서 상당한 비용과 시간이 필요하다는 부담이 존재하기도 합니다.

복잡하고 변화무쌍한 기업 내외부의 환경변화를 따라잡고 기업의 이윤을 극대화시키기 위해서는 보다 전문적인 교육이나 폭넓은 시각을 제공하는 강의가 필요한데, 이런 경우에 사외강사들을 기업교육에 적극 활용하게 됩니다.

사외강사는 기업에 속하지 않은 채 계약을 기반으로 활동하는 프리랜서 강사들을 일컫습니다. 이들은 각자의 전문 분야에 대해 강의를 제공하며, 다양한 교육 콘텐츠를 통해 기업 내 조직원들에게 전문적인 교육을 수행하거나, 학습을 지원하고 촉진하는 임무를 행합니다.

from 권윤정, 이영민(2020). 기업교육 강사 선정 요인에 관한 컨조인트 분석, 기업교육과 인재연구, 22(3), 203-229.

Letter 11
학습은 어떻게 이루어지나요?

효과적인 학습방법 중 하나는 비움 혹은 폐기학습입니다. 이는 무엇인가를 채우는 학습 이전에 고정관념을 파괴하고 기존의 지식을 버리는 것을 의미합니다.

또 다른 방법은 몰입 혹은 자율적인 학습입니다. 지적 호기심과 함께 알아보고 싶은 지적 충동에서 시작되는 학습입니다.

그래서 효과적인 학습은 몰랐던 사실을 깨달으면서 자신도 모르게 배우는 학습이기도 하며 상상을 통해 창조의 즐거움을 맛보는 것이기도 합니다. 상식의 파괴를 통해 새로운 시각으로 무엇인가 다른 것을 찾아내는 것도 포함됩니다.

아울러 효과적인 학습은 평범한 현상이나 사물에 주목하는 학습이며 이종 간의 결합을 통해 새로운 의미를 발견하는 학습이기도 합니다.

이와 같은 측면에서 보면 학습의 과정은 자연생태계와 마찬가지로 일종의 생로병사生老病死 과정이라고 볼 수도 있습니다.

먼저 학습은 외부자극과 내부자극에서 탄생합니다. 외부자극은 조직의 요구 또는 필요성 등에 의한 자극이며 내부자극은 개인의 목표나 끌림 그리고 재미 또는 소문 등에 의한 자극입니다.

이러한 자극에서 시작된 학습은 학습자의 결단력 또는 목적으로 대변되는 Feedforward를 통해 성장하게 됩니다.

성장과정에서 학습자들은 자기주도적 학습 또는 자발적인 학습공동체를 형성하게 됩니다. 이 과정에서 실제적 지식이 발생하고 암묵적 지식이 형식적 지식으로 도출됩니다.

이와 같은 성장과정은 학습자들에게 학습에 대한 즐거움을 줄 수 있으며 창의성, 즉 새로운 지식의 탄생으로 확장되거나 전이되는 경우로 발전될 수도 있습니다.

또한 성장과정을 거친 학습자들은 기존의 학습 전반에서 경험한 패러다임간의 충돌 등과 같은 고통을 겪거나 지적 충동과 호기심 그리고 창조의 과정 등을 통해 학습에의 몰입으로 나아갈 수 있게 됩니다.

물론 이와 같은 과정에서도 성장과정과 마찬가지로 새로운 탄생이 가능하며 새로운 탄생의 과정은 각각의 영역에서 또 다른 성장을 하게 됩니다. 그리고 학습을 통한 성장과 고통 혹은 몰입의 과정은 궁극적으로 자기성찰로 이어지게 됩니다.

이 때 기존의 지식에 대한 폐기학습이 자연스럽게 이루어지기도 하고 새로움을 추구하기도 하면서 Up-cycling이 발생하게 됩니다. Up-cycling은 폐기된 자원이나 제품의 질이 재활용을 통해 개선되는 것을 의미하는데 이는 학습에도 적용됩니다.

이러한 학습의 중심에는 전문가 그룹Expert pool / Reference group이 위

치하여 탄생, 성장, 몰입, 성찰의 각 단계별로 Feedback을 줄
수 있습니다.

전문가 그룹은 학습 촉진자로서의 역할을 하게 되는데 학습
자가 학습을 하면서 겪게 되는 갈등이나 의문 혹은 보다 나은
학습제안 등에 대해 문화적, 제도적, 체제적 지원을 하게 됩니
다. 이는 조직의 HRD에서 수행할 수 있는 역할이기도 합니다.

전문가 그룹의 구성은 HRD 전문가를 포함해서 성장과정에서
형성된 실행공동체 또는 실행공동체의 일원이 참여할 수도 있
습니다. 이들이 제 기능과 역할을 하기 위해서는 전문적인 지식
과 경험은 물론, 인적인 네트워크와 지적인 호기심을 보유하고
있어야 합니다.

한편 학습자들이 학습과정으로 유입되는 경로는 다양하기 때문
에 학습에서 다양성을 인정하는 것은 곧 학습의 유연성을 가져오
게 됩니다. 그리고 학습자들간의 다양성과 유연성은 성장과정에
서 발생하는 여러 가지 희노애락喜怒哀樂을 공유하게 만듭니다.

이와 같은 학습자들간의 관계성은 어려움을 극복할 수 있는 동

력이 되기도 하며 학습에 대한 즐거움을 배가시킬 수도 있습니다.

이처럼 학습에서 발생하는 관계성과 순환성은 학습자로 하여금 기존 지식에 대한 비판과 재가공은 물론, 수준을 향상시키는 계기가 될 수 있고 이를 통해 학습의 범위는 점점 더 확장될 수 있습니다.

개인이나 조직이 추구하는 목표나 방향 등에 따라 학습의 방향이나 중점은 달라집니다. 내용도 천차만별입니다. 그리고 이를 어떻게 설계하고 개발해서 적용할 것인가에 대한 고민도 큽니다. 그런데 이는 주로 공급자의 입장에서의 고민입니다.

이러한 고민도 필요하지만 이에 더해 학습이 이루어지는 과정에 대해 다양하게 생각해보고 몇 가지를 접목시켜 보는 시도도 필요합니다. 이는 수요자, 즉 학습자의 입장에서의 시도라고 할 수 있습니다.

결과적으로 효과적인 학습을 추구하고 기대한다면 학습자들의 학습이 정체되게 만들거나 학습에 대해 수동적으로 접근하는 것을 방지해야 합니다. 어쩌면 보다 효과적이고 효율적인 학습 환경과 학습 문화가 조성될 수도 있습니다.

◆폐기학습

폐기학습은 새로운 학습에 방해되는 지식과 습관 그리고 새로운 정보를 수용하기 위해 과거의 학습 습관을 버리는 것입니다.

또한 시대에 뒤떨어지고 틀에 박힌 낡은 지식과 신념체계를 버리는 것이며, 지식, 가치, 신념 등에서 더 이상 쓸모없거나 오해를 불러올 수 있는 것, 불필요하거나 실패한 것, 대체가능성이 떨어지는 것을 제거하는 것입니다.

몇몇 연구들은 성공증후군, 조직 관성, 학습 근시안의 관점에서 과거의 성공을 유효한 것으로 판단하여 일어나는 조직문제와 실패 측면에서 폐기학습을 제안하였습니다. 예를 들어 새로운 전략을 요구하는 환경에 과거의 성공적인 경험을 똑같이 적용할 경우 실패할 가능성이 크며, 새로운 학습이 필요한 구성원에게 일상적인 절차나 표준학습을 그대로 접목시킬 경우 관성이 생긴다는 것입니다.

따라서 관련 연구들은 조직변화에 대한 장애를 극복하는 측면에서 과거의 성공경험일지라도 의도적으로 버리는 것을 폐기학습이라고 하였습니다.

이러한 폐기학습은 그동안 개인, 집단, 조직 등에서 연구가 진행되었지만 집단이나 조직에 비해 개인수준의 연구는 매우 미흡한 편입니다.

Cegarra-Navarro and Moya는 개인수준의 폐기학습을 관리자평가와 구성원의 자기보고식 평가로 구성한 다음, 이를 조직수준에서 조사하였습니다. 즉 구성원의 문제규명과 수행업무에 대한 변화준비성은 관리자의 평가로 하였으며 새로운 접근 방식의 고려는 구성원이 평가하였습니다.

구성원의 폐기학습에 관한 실증연구는 개인과 조직관점이 혼합된 형태로 나타나고 있으며, 개념적 정의는 과거의 낡은 행동, 틀에 박힌 일상의 업무처리, 더 이상 사용하지 않는 지식 등을 제거하거나 버리는 것으로 설명되고 있습니다.

from 허명숙, 천면중(2015). 구성원의 지식통합능력과 혁신행동 간의 관계에 관한 실증연구: 지식통합능력의 영향요인과 폐기학습의 조절효과, 기업경영연구, 22(4), 1-28.

Letter 12
역량모델링이 필요한가요?

"역량모델링은 과학_{science}인가?"에 대해 '그렇다'고 생각하는 이유가 있습니다. 역량모델링에 대한 개념이 존재하고 수행하기 위한 프로세스와 방법들이 있다는 것입니다. 그리고 배우면 수행이 가능하다는 측면도 있습니다.

반면 역량모델링은 '과학이 아니다'라고 생각하는 이유도 있습니다. 의사결정자에 따라 달라지기도 하고 표본에 의해서도 달라지며 역량모델링을 수행하는 사람에 따라서도 결과물이 달라지기 때문입니다.

이와 같은 생각의 차이에도 불구하고 역량모델링은 HRD를 수행함에 있어 빼놓을 수 없는 중요한 개념이며 방법입니다. 실제로 현업에서는 이러한 역량모델링을 통해 HRD전략의 일환으로 역량기반 인적자원개발을 할 수 있으며 교육과정개발의 기준을 마련하거나 구성원들의 역량을 측정하고 평가하기도 합니다. 결과적으로 역량모델링은 조직의 성과창출에 직/간접적으로 기여합니다.

이렇게 보면 측정할 수 없는 것은 관리할 수 없다는 피터 드러커Peter F. Drucker의 말이나 측정가능한 모든 것을 측정하라는 에드워드 데밍W. Edward Deming의 말이 새롭게 다가옵니다.

물론 이러한 과정과 결과를 도출하기 위해서는 전문가에 의해 역량모델링이 수행되어야 합니다. 그 이유는 역량모델링에 투입되는 많은 시간과 비용 그리고 인력을 보다 효과적이며 효율적으로 사용할 수 있기 때문입니다. 그리고 역량모델링 결과에 있어 편향bias을 최소화할 수 있기 때문이기도 합니다.

아울러 전문가의 조력을 받거나 지속적으로 협업을 할 수 있는 담당자도 필요합니다. 역량모델링은 과거의 우수한 수행결과를 기반past oriented으로 하기 때문에 도출된 역량들의 유효기간이 생각보다 길지 않습니다. 그래서 한 번 만들어진 역량모델이라고 할지라도 비즈니스의 변화나 구성원의 변화 등에 따라 달라져야 하는데 이를 수행하기 위해 매번 전문가를 투입할 수는 없기 때문입니다.

한편 역량모델링과 개념적으로는 구분되지만 HRD 현장에서는 혼용되거나 혼돈을 가져오는 것이 있습니다. DACUMDeveloping a Curriculum입니다. 이는 직무분석을 통해 해당 직무를 효과적으로 수행할 수 있는 교육 프로그램을 개발하는 것을 의미합니다.

역량모델링이 고성과자high performer의 특질을 기반attribute-based으로 역량을 도출하는 것이라면 DACUM은 직무를 기반activity-based으로 역량을 도출하는 것이라고 할 수 있습니다. 그래서 역량모델링을 통해 도출된 역량은 조직의 전략과 연계성이 높으며 DACUM을 통해 도출된 역량은 구체적인 직무와 연계성이 높습니다. 즉 역량모델링이 일류 요리사를 만드는 것이라면 DACUM은 특정 요리를 할 수 있는 사람을 만드는 것과 유사합니다.

이러한 측면에서 역량모델링을 하기 위해서는 몇 가지 전제 조건이 충족되어야 합니다. 우선 조직 내 고성과자가 존재하거나 적어도 선정되어 있어야 합니다. 그리고 고성과high performance가 제시되어야 합니다. 두루뭉술한 내용이 아니라 구체적인 기준이 필요하고 특정 상황이나 업무도 선정되어 있어야 합니다.

조직 내 고성과자가 있다면 이들을 대상으로 행동사건면접BEI, Behavior Event Interview이나 초점집단면접FGI, Focus Group Interview 그리고 관찰 등을 통해 역량모델링을 위한 자료들을 수집할 수 있습니다. 만약 고성과자를 특정 짓기 어렵다면 전문가 패널이나 델파이 조사 혹은 핵심성과지표KPI, Key Performance Indicator 등을 통해 자료들을 수집할 수도 있습니다.

이와 같은 방법으로 수집된 자료들에 대해서는 다양한 방법으로 분석을 해보아야 합니다. 대표적인 방법으로는 Borich 계수를 이용한 교육요구도 분석도 있고 중요도-수행도 분석IPA, Importance-Performance Analysis이나 계층화 분석AHP, Analytic Hierarchy Process 등도 사용이 가능합니다. 이렇게 분석할 때 도출된 역량들에 대한 타당도를 확보하는 것은 기본입니다.

역량모델링을 위한 자료수집과 분석 시에 고려해야 하는 것도 있습니다. 예를 들면 도출한 역량이 미래의 직무성과를 정확히 예측할 수 있는 것인가? 도출한 역량 외에 직무성과에 영향을 미치는 다른 요인은 없는가? 드러나지 않는 직관이나 경험 등과 관련된 역량은 어떻게 확인할 수 있는가? 등과 같은 내용입니다.

역량모델링의 과정이 상대적으로 어려울 수도 있고 현업에서 제대로 작동하지 않을 수도 있습니다. 그리고 유효기간이 짧을 수도 있습니다. 그럼에도 불구하고 역량모델링은 효용성이 있습니다.

먼저 조직과 개인의 역량을 한 눈에 볼 수 있고 관리할 수 있다는 것입니다. 또한 구성원들의 역량개발 시점 및 단계가 제시되어 체계적으로 접근할 수 있다는 것도 포함됩니다. 보다 구체적으로는 수많은 교육과정이나 프로그램들 중에서 필요한 것과 필요하지 않은 것을 구분할 수 있는 기준을 마련해주며 반드시 해야 하는 것에 집중할 수 있도록 만들어준다는 것 등입니다.

다만 역량모델링이 과거와 현재 시점에 초점을 두고 있어 미래의 성공까지 보장할 수는 없으며 역량모델링은 HRD에서의 마무리가 아니라 시작이며 출발점이라는 점을 간과해서는 안됩니다. 그리고 역량모델링을 한 번 했다고 해서 방치하는 것도 금물입니다. 만들어진 역량모델을 현업에 적용해보고 반복적인 수정 및 개선이 이루어져야 합니다.

당시에는 좋아 보였던 인테리어가 어느 순간 구식이 되고 생활하는데 불편함을 초래한다면 리모델링을 하는 것과 마찬가지입니다.

◆ **BEI** Behavior Event Interview

행동사건면접은 과거에 있었던 행동과 성과에 대해 인터뷰를 통해 개인의 역량 수준을 파악하는 방식으로 향후 개인이 성과를 창출해 낼 수 있는가를 예측해 내는 도구입니다.

최초 BEI는 승진 및 직무순환 시 적합성과 성과창출 가능 유무를 판단하기 위한 평가 도구로 사용되었으나 신입사원 선발 시 질문의 일관성 부족, 직무 관련성 미약, 면접 타당성이 낮은 약점을 보완하고자, 2000년대 이후 조직에서 필요로 하는 역량 수준을 파악하는 인터뷰 방식으로 광범위하게 활용되게 되었습니다.

BEI는 조직에서 요구하는 역량과 수준에 부합되는 정도를 검증하는 과정으로서 과거행위 질문, 상황적 질문, 직무지식 질문을 활용할 수 있는데, 신입사원 선발과정에서는 과거행위 질문방식이 활용되고 있습니다.

이 면접을 진행하는데 중요한 것은 면접관interviewer의 숙련도이고, 면접 기술, 역량지표의 이해, 면접관간 평가수준의 신뢰성 등도 사전에 관리가 되어야 합니다.

BEI 시행 전 교육을 통해 면접에서 발생될 수 있는 관대화 오류leniency error, 중심화 오류central tendency, 대비효과contrast effect, 엄격화 오류severity error, 첫인상 효과first impression effect등을 제거하며, 역량에 대한 숙지와 면접 기술을 확인해 면접관을 선발하는 과정을 거치게 됩니다.

면접 중 면접관은 역량과 관련된 질문을 제시하며, 역량 수준을 확인할 수 있을 때까지 질문을 진행합니다.

BEI를 설계하는 방식에 따라 차이가 있지만, 면접관 2~3인이 동시에 피면접자 1인을 평가하게 되며 개인별 평가 후 면접관간 합의를 이루는 과정을 거쳐 신뢰수준을 높여갑니다.

from 이호국, 이기성(2015). Behavior Event Interview(BEI) 결과가 조직시민행동에 미치는 영향 – 리더·부하 교류LMX의 조절효과를 중심으로-, 평생교육HRD연구, 11(1), 119-137.

◆ FGI

포커스 그룹 인터뷰Focus Group Interview, 이하 F.G.I는 대표적인 정성적qualitative 조사 방법 중 하나입니다. 일반적으로 5~10명의 조사 참여자가 한 장소에 모여서 토론을 통해 의견을 제시하게 되며 그 과정에서 자료를 수집하는 방법입니다.

F.G.I는 탐색하고자 하는 주제에 적합한 공통적인 특징을 지니고 있는 적정수의 참여자들을 대상으로 주어진 주제에 집중하여 토론을 진행토록 함으로써 조사를 수행합니다.

from 김희봉 외(2022), HRD연구방법가이드, 박영사

◆ IPAImportance-Performance Analysis, 중요도-수행도 분석

중요도-수행도 분석이라고 할 수 있는 Importance-Performance

Analysis이하 IPA는 Martilla & James가 1977년에 마케팅 학술지인 Journal of marketing에서 'Importance-performance analysis'라는 제목으로 발표한 이후 다양한 산업 분야에 적용되고 있습니다.

IPA는 중요도Y축와 수행도X축 두개의 차원을 4사분면2×2 매트릭스에 배치함으로써 현재 혹은 미래에 집중해야 할 영역과 불필요하게 과잉 투입되고 있는 영역을 간단하고 직관적으로 탐색할 수 있는 분석 방법 중 하나입니다.

IPA는 복잡한 통계 절차가 필요하지 않으며 해석이 명확하고 시각적 표현이 우수한 장점을 가지고 있습니다. 이에 따라 HRD영역뿐만 아니라 조직 경영 활동에서 자원 투입의 우선순위 의사결정 측면에서 효과적인 방법으로 IPA를 활용하고 있습니다.

from 김희봉 외(2022), HRD연구방법가이드, 박영사

◆ **AHP**Analytic Hierarchy Process, 계층화 분석

AHP방법은 의사결정문제가 다수의 평가기준으로 이루어져 있을 때 우선 평가기준들을 주요요인과 세부요인으로 계층화한 후 계층간 요소들 간의 쌍대비교pair wise comparison를 통해 중요도를 정해가는 다기준 의사결정기법입니다.

AHP는 계량적 방법으로 의사결정을 내리기 어려운 분야에서 의사결정을 내려야 할 때 주로 사용되는데 양적인 변수뿐만 아니라 심리적 변수 등과 같은 질적인 변수도 측정이 가능합니다. 아울러 AHP는 주

로 전문가 집단을 대상으로 응답자의 지식과 경험 및 직관을 포착할 때 사용됩니다.

from 김희봉 외(2022), HRD연구방법가이드, 박영사

◆보리치 요구도 분석 Borich Needs Formula

Borich 요구도 분석은 Borich가 1980년에 'A Needs Assessment Model for Conducting Follow−Up Studies'에서 소개한 이후 현재까지 활용되고 있는 방법입니다.

이 방법은 설문조사를 통해 역량별 바람직한 요구 수준(요구되는 역량 수준, 혹은 역량의 중요도를 파악하는 경우도 있음)과 현재 보유 수준을 확인한 후 바람직한 수준에 가중치를 주어 결과값을 순서대로 나열하여 우선순위를 결정하는 방법입니다.

Borich 요구도 분석은 개인별 바람직한 요구 수준 점수와 현재 보유 수준 점수의 차이gap 값에 각 역량별 바람직한 요구 수준의 평균값을 곱한 값을 사용합니다. 두 점수 차이 값에 각 역량별 바람직한 요구 수준의 평균값을 곱하게 되면 차이 값의 격차가 극명해져 교육 요구도 우선순위를 선정하는데 용이합니다.

from 김희봉 외(2022), HRD연구방법가이드, 박영사

2부

HRD, 이렇게 해보면 어떨까요?

HRD역할은 확장될까요?

HRD의 기저에는 구성원들의 성장growth과 조직의 성과performance 가 자리 잡고 있습니다.

두 가지 모두 HRD에서 간과할 수 없는 중요한 목적이지만 종종 선택의 순간을 맞이하게 됩니다. 이를테면 어떤 교육이 구성원들의 성장을 위해서는 필요하다고 여겨지지만 조직의 성과를 창출하는 것과는 다소 거리감이 있다고 느껴지는 경우입니다.

거꾸로 조직의 성과를 창출하기 위해는 한시라도 빨리 전개되어야 하는 교육이지만 그 교육이 구성원들의 성장과는 거리감이 있거나 이로 인해 성장할 것이라는 확신이 들지 않는 경우도 있습니다.

HRD를 하는 입장에서는 구성원의 성장과 조직성과라는 두 마리 토끼를 모두 잡고 싶은데 실상은 말이나 글처럼 쉽지 않습니다. 성장은 질적인 접근에 가깝고 성과는 양적인 접근에 가깝기 때문입니다.

질적인 접근은 상대적으로 많은 시간과 노력이 수반됩니다. 한 두 번의 교육 등으로 인해 성장이 이루어지는 경우가 많지 않으며 HRD 외적인 측면에서 발생하는 변수의 영향도 크기 때문입니다.

그리고 구성원들의 성장을 확인하기 위해서는 경우에 따라 수 년 이상 추적조사를 하거나 종단연구를 해야 하는데 이와 같은 점에서 볼 때 구성원들의 성장 정도를 눈으로 직접 확인하는 것도 사실상 어렵습니다.

더군다나 이를 객관화 또는 일반화시켜보겠다고 한다면 여러 가지 변수들을 통제하거나 특정한 조건을 만드는 등과 같은 과정을 거치게 되는 경우가 많은데 이 때 어느 한쪽으로 치우치게 되는 편향bias에 빠지기도 쉽습니다.

한편 양적인 접근은 질적인 접근에 비해 가시화된 결과물들을 비교적 쉽고 빠르게 확인할 수 있습니다. 일례로 사전사후 비교나 통제집단과 실험집단간의 비교 정도만으로도 가시적인 성과를 보여줄 수 있습니다.

물론 아쉬움도 있습니다. 특히, HRD 성과에 대한 합의된 정의나 지표 등이 없거나 부족하다면 이 역시 하나의 이벤트로 끝나기 쉽기 때문입니다.

그럼에도 불구하고 HRD는 구성원의 성장과 조직의 성과 모두를 충족시켜 줄 수 있는 방안을 모색하고 실행해야 하는데 그 출발점은 구성원의 성장에 있는 것으로 보입니다. 구성원이 조직성과 창출의 주체이자 그 성과를 지속할 수 있는 원동력이 되기 때문입니다.

이를 위해 HRD의 역할도 일부 변화될 필요가 있습니다. 지금까지의 HRD는 조직 내에서 일종의 파이프라인pipeline처럼 체계적이고 선형적인 접근을 해왔습니다. 한마디로 구성원들의 성장을 단계적step by step으로 지원해 온 것입니다.

그러나 앞으로의 HRD는 조직 내에서 플랫폼platform과 같은 역할로 변화해야 합니다. 그리고 한 쪽 방향이 아니라 다방향에서 방사형, 비선형적 접근을 해야 합니다.

물리적인 플랫폼에서는 환승이나 방향전환이 가능하고 지나간 길을 얼마든지 다시 지나갈 수 있습니다. 이런 점에서 HRD가 플랫폼의 역할을 한다는 것은 구성원들이 HRD를 통해 경력을 전환하거나 목표를 바꾸거나 역량을 재개발할 수 있도록 해준다는 것을 의미합니다.

또한 구성원들에게 조직, 비즈니스, 프로젝트 등을 교류하고 공유할 수 있는 장을 조성하여 서로가 서로에게 자극을 받게 하는 것은 물론, 이를 통해 새로운 연결을 만들어주는 것을 의미하기도 합니다.

이와 함께 HRD는 백신vaccine과 같은 역할을 해야 합니다. 즉 HRD측면에서의 접근은 사후 조치보다는 사전 예방 측면에서 이루어져야 한다는 것입니다. 일부에 국한된 사례이기는 하지만 과거를 돌이켜보면 문제가 발생하고 난 후에 해당 교육을 하는 경우들이 종종 있었습니다. 이렇게 접근하다보니 HRD가 주도성을 갖고 접근하기가 좀처럼 쉽지 않았습니다.

따라서 HRD가 보다 주도적이고 선제적인 접근과 조치를 하려면 구성원, 조직, 비즈니스 상황에 대해 보다 민감하게 반응하고 탐색하는 노력을 해야 합니다.

HRD가 조직 내에서 이와 같은 역할을 하게 되면 구성원들은 조직, 비즈니스, 프로젝트 측면에서의 새로운 기회를 엿보게 될 수도 있고 창의적인 접근이나 시도도 기대해 볼 수 있습니다. 그리고 이와 같은 과정 속에서 개인의 성장과 조직의 성과도 기대해 볼 수 있습니다.

◆종단연구

일정기간에 걸쳐서 반복적으로 동일 연구대상에 대한 자료를 수집하는 연구설계로 횡단적 연구cross-sectional research와 연구자료 및 연구방법에 있어서 대비되는 설계입니다.

종단적 연구에는 동일한 개체들의 자료를 추적조사 수집하는 패널연구panel study, 동일계층을 모집단으로 추적하여 자료수집을 반복하는 코호트연구cohort, 시간의 흐름에 관계없이 동일계층을 반복연구하여 그 계층의 변화를 탐구하는 추세분석 연구trend analysis가 있습니다.

종단적 연구의 주목적은 첫째, 시간 변화에 따른 변화 유형의 파악이고 둘째, 서로 이웃하는 두 시점 사이의 인과관계의 방향과 크기의 설정입니다.

from 교육심리학 용어사전

Letter 14.

전략적 HRD가 가능할까요?

HRD의 수행영역은 전통적으로 네 가지로 구분되는 경우가 많습니다. 이른바 개인개발, 경력개발, 성과관리, 조직개발입니다.

이는 HRD를 단기적인 접근과 장기적인 접근과 같은 기간에 따른 축과 개인 중심과 조직 중심과 같은 대상에 따른 축으로 구분해서 제시한 것입니다.

조직에서 HRD를 비즈니스의 파트너 등과 같이 표현하는 것도 이와 같은 HRD의 수행영역에 기반을 두고 있기 때문이며 실제로 이러한 영역에서 보다 많은 역할을 수행하기를 기대합니다.

그러나 현장의 HRD는 여러 가지 상황 또는 보유하고 있는 자원이나 역량 등에 영향을 받아 주로 개인개발 영역에서 이루어지는 경우가 많습니다. 예를 들면 교육과정을 만들고 운영하고 전달하고 평가하는 정도입니다. 물론 이 역시 HRD의 주요 역할이자 기능이기는 하지만 여전히 아쉬움은 남습니다.

그렇다면 조직에서 기대하는 HRD 그리고 HRD담당자로서 보여주고 싶은 HRD를 하기 위해서는 무엇이 필요할까요?

무엇보다 비즈니스와 구성원들에 대한 감지력sensing power이 요구됩니다. 이러한 감지력이 있어야 보다 큰 그림을 그릴 수 있습니다. 이를 환언하면 전략적 HRD를 하기 위해서는 주변에서 벌어지고 있는 일들에 대해 남다른 접근과 분석을 할 수 있어야 한다는 것입니다.

그런데 감지sensing는 저절로 되는 경우가 없습니다. 목적이 있어야 하고 지속적인 관심도 빠질 수 없습니다. 그래서 HRD를 보다 더 전략적으로 수행하기 위해 감지를 하고자 한다면 주변부터 둘러볼 필요가 있습니다.

일터workplace는 HRD 수행과 관련해서 감지할 수 있는 원천source 중 하나입니다. 일터에서 주고받는 대화를 비롯해서 내부에서 전달되고 공유되는 각종 자료 등을 통해 비즈니스와 구성원들의 관심 등에 대한 그야말로 가공되지 않은 자료raw data를 얻을 수 있습니다. 폐쇄형 온라인 커뮤니티가 있다면 이 역시 마찬가지입니다.

또 다른 감지의 원천은 사회적인 이슈social issue입니다. 비즈니스나 구성원 모두 사회적인 이슈의 직/간접적인 영향에서 벗어날 수 없다는 점으로 미루어 보면 부인하기 어렵습니다. 물론 HRD담당자의 개인적인 관심individual concern도 포함됩니다.

다음으로는 이와 같은 일터, 폐쇄형 온라인 커뮤니티, 사회적인 이슈, 개인적인 관심 등에서 감지된 이슈들을 여과filtering해야 합니다. 다양한 영역에서 감지된 이슈들을 여과하는 과정에서는 HRD관계자 이외에도 다양한 이해관계자들의 협의와 논의가 필요합니다.

그리고 이 과정에 참여하는 사람들은 비즈니스적 측면과 인문학적 측면에서 일정 수준 이상의 배경 지식knowledge과 경험experience을 보유하고 있어야 합니다. 그래야 감지된 이슈들을 제대로 여과할 수 있습니다.

이렇게 여과된 이슈들에 대해서는 나름의 기준과 방향에 기반해서 해야 할 것과 중점을 두어야 할 것 등에 대한 결정을 해야 합니다. 소위 말하는 의제 결정agenda setting입니다.

감지되고 여과된 이슈들이라고 해서 모두를 다 다룰 수는 없습니다. 시급성과 중요성에 기반한 우선순위도 있을 것이고 지원범위나 수행역량 등도 고려해야 할 사항입니다.

결정된 이슈들은 HRD측면에서 다루어야 하는 과제HRD intervention과 HRD 외적인 측면에서 다루어야 하는 과제non-HRD intervention 그리고 연구개발 과제Research & Development subject와 향후 검토과제 등으로 구분해서 접근할 필요가 있습니다.

향후 검토과제는 현 시점에서 판단을 유보parking lots한 과제라고 할 수 있으나 언제든지 수면 위로 올려 논의해 볼 수 있는 이슈입니다. 또한 연구개발 과제는 중장기적 관점에서 지금부터 자료를 수집하고 분석하는 과정이 필요한 이슈라고 할 수 있습니다.

한편 HRD 외적인 측면에서 다루어야 하는 과제의 경우, 말 그대로 HRD측면에서의 접근보다는 제도나 시스템 등으로 접근해서 해결하는 것이 보다 효과적이라고 판단되는 이슈입니다. 이와 같은 이슈는 보다 직접적으로 관련된 조직이나 팀과의 커뮤니케이션을 통해 접근해야 합니다.

마지막으로 HRD 측면에서 다루어야 하는 과제가 남았습니다. 이러한 과제들은 HRD 수행을 위한 프로세스와 방법론을 기반으로 접근해야 합니다. 당연히 HRD 수행역량이 필요하고 이에 대해서는 많은 연구와 조사, 그리고 경험 등을 통해 제시된 바 있습니다.

전략적이라는 단어에는 미래의 시점과 선제적 접근이라는 개념이 녹아들어가 있습니다. 그래서 전략적 HRD를 하기 위해서는 상상만으로는 부족합니다. 현재 벌어지고 있는 상황이나 이슈에 대한 감지력이 수반되어야 하고 이를 여과해서 수행과제를 결정할 수 있는 능력도 필요합니다. 따라서 HRD를 보다 전략적으로 수행하고자 한다면 이와 같은 접근방식도 고려해 볼 만합니다.

◆ 전략적 HRD

전략적HRD란 기업의 지속적 성장 및 경쟁력 확보를 위해 조직의 비전, 미션, 핵심가치를 중심으로 조직문화의 공유 및 확산에 역점을 두며 미래형 리더 및 핵심인재 양성을 통해 미래 가치 창출을 위한 인재경영을 추진하고 경영전략과 밀착된 활동을 통해 목표 달성 및 경영성과 창출을 지원하며 지속적인 변화와 혁신을 선도하고 지원하는 프로세스를 의미합니다.

전통적 HRD가 조직구성원들에게 능력개발에 요구되는 지식, 기술, 태도의 향상을 지원하면서 조직요구에 부응하였다면 전략적 HRD는 기업경영의 전략적 동반자로서 사업전략 지원 및 구축의 중요한 역할 수행이 요구됩니다.

from 황영아, 송영수(2010), 대기업의 전략적 인적자원개발에 대한 중요도 및 수행수준 인식에 대한 탐색, Korea Business Review, 14(1), 197-219.

Letter 15.
HRD는 어떻게 변화될까요?

조직에서 HRD의 기능은 다양합니다. 전통적으로는 구성원 개개인의 직책 및 직무수행과 관련된 역량을 개발하고 향상시키는 것으로부터 성과관리나 경력개발 그리고 조직문화 개선에 이르기까지 인재개발 측면에서 그야말로 전방위적인 활동이 이루어집니다.

HRD의 이와 같은 기능과 역할은 시대의 변화나 COVID-19 등과 같은 새로운 이슈가 발생하더라도 대응하는 방법의 차이가 있을 뿐 여전히 유효합니다. 이는 국내외를 막론하고 HRD와 관련된 각종 학술대회나 컨퍼런스, 세미나 또는 포럼 등에서 다루어지고 있는 주제들을 통해 미루어 짐작해 볼 수 있습니다.

그러나 한편으로는 변화의 필요성도 꾸준히 제기되고 있습니다. HRD 콘텐츠의 형태나 형식 그리고 전달매체나 방법 등과 같은 미시적인 측면에서의 변화도 있지만 이와는 다른 결의 변화도 예상됩니다.

예상되는 변화 중 하나는 발생한 문제를 해결하기 위한 HRD에서 발생가능한 문제를 예방하는 HRD로 전환되는 것입니다.

예를 들면 대부분의 사람이 매년 정기적으로 건강검진을 받는 것과 마찬가지로 조직 내에서 직무나 직책수행과 관련해서 지표화될 수 있는 특정한 역량들이 일명 HRD 측면에서 선제적으로 다루어져야 할 항목들로 구성되고 해당 구성원들은 이러한 역량들에 대해 정기적인 점검을 받게 되는 것입니다.

이를 통해 문제가 발생할 것이라고 예상되면 사전 안내 및 조치 등이 이루어지는 형태라고 할 수 있습니다. 조직 내에서 이미 축적된 각종 자료와 수치화되고 있는 데이터는 이와 같은 변화를 앞당길 것으로 보여집니다.

HRD측면에서 이와 같은 변화는 구성원들에게 개별화된 역량개발 및 유지 등과 같은 지원을 과거에 비해 상대적으로 적시적으로 할 수 있다는 측면에서 긍정적인 영향을 줄 수 있을 것입니다.

다만 이러한 변화의 과정에서 데이터로 측정하거나 제시되기 어려운 역량 또는 마이너리티 리포트 등에 대해서는 별도의 측정 및 관리 방안을 마련해야 할 필요도 있습니다.

다음으로는 HRD가 이루어지는 공간과 방식의 변화입니다. 이는 HRD가 더 이상 물리적 공간에서 면대면에 국한되어 이루어지지 않고 가상현실AR, 증강현실VR, 혼합현실MR 등과 같은 환경과 캐릭터를 통해 이루어질 수 있다는 것을 의미합니다.

물론 지금도 이와 같은 변화가 이루어지고 있지만 시스템이나 환경을 구축하는데 투자되는 초기 비용에 대한 부담이 큽니다. 그러나 기술 및 소프트웨어 등의 발전 속도 그리고 HRD의 공급자 및 수요자들의 인식 변화 등을 보면 향후에는 보편화될 가능성이 큽니다.

이는 진입장벽이 낮아지고 비용은 절감되는 구조로 이어지게 되며 이를 통해 온라인상에서의 가상환경은 자연스럽게 HRD 가 이루어지는 주요 공간으로 자리잡게 될 것입니다.

이와 같은 변화는 시공간적 측면에서 HRD의 접근성이 수월해지고 반복학습, 데이터 축적, 콘텐츠의 다양성 및 확장성 등 긍정적인 영향을 줄 수 있습니다. 다만 이렇게 변화되는 경우, HRD를 수행함에 있어 개인의 역량정보 등 개인정보보안의 이슈와 해킹 등의 문제에 대한 대비도 필요합니다.

아울러 HRD 전문가의 부상도 하나의 변화가 될 수 있습니다. 앞서 언급한 바와 같이 HRD가 데이터에 기반하여 많은 사람들에게 적시적인 콘텐츠를 제공해줄 수 있는 상황이 구축되면 직책 및 직무수행과 관련해서 일반적이고 기본적인 내용에 대해서는 데이터 등으로 분석된 내용에 기반한 HRD가 이루어질 것입니다. 하지만 특화된 내용 또는 개별화된 내용 등에 대해서는 HRD 전문가를 찾게 되는 경우가 발생한다는 것입니다.

즉 리더 또는 특정 구성원들은 HRD 측면에서 각 분야의 전문가에 의해 개별적으로 코칭을 받거나 지원을 받고자 하는 요구가 증대될 수 있다는 것입니다.

물론 이와 같은 변화는 현재 HRD를 수행하고 있는 이들에게 있어 새로운 변화와 가치를 높일 수 있는 기회가 될 수도 있지만 다른 한 편으로는 HRD의 양극화로 인한 위기를 초래할 수도 있습니다.

이와 같이 예상되는 변화는 HRD가 조직의 비즈니스에 기여하는데 요구되는 역량을 예측하고 제시할 수 있어야 한다는 기대를 내포하고 있습니다.

이를 위해서는 그동안 HRD에서 다루어 왔던 직무 및 직책별 역량들을 비즈니스와의 직접적인 연계성 여부로 재판단하고 도출해봐야 합니다.

그리고 이에 기반하여 비즈니스 특성에 맞고 시너지를 창출할 수 있는 역량군으로 다시 편성하고 조합하여 제시해볼 필요가 있습니다. 기존의 역량모델링 등과 같은 방법은 이와 같은 접근과 결과물을 도출하는데 도움을 줄 수 있습니다.

이와 함께 HRD에서 큐레이팅이 보다 더 강화되어야 한다는 대도 있습니다. 이미 구성원들은 헤아릴 수 없을 정도로 넘쳐나는 직무 및 직책수행과 관련된 다양한 콘텐츠들에 노출되어 있습니다. 그리고 특정 분야나 주제 등에 대한 콘텐츠일지라도 AIartificial intelligence 및 알고리즘algorism 등에 의해 상당수의 자료들을 접하게 됩니다. 적어도 양적으로는 그렇습니다.

이러한 상황에서 조직 내 HRD가 이와 같은 콘텐츠들과 양적으로 경쟁하는 것은 사실상 불가능합니다. 그러나 질적인 경쟁은 가능합니다. 다만 HRD가 큐레이팅할 수 있는 영역이 제한되기에 내부 전문가 집단expert pool을 구성하고 육성해서 이들에 의한 콘텐츠나 인적 큐레이팅이 이루어질 수 있는 시스템을 구축하거나 지원할 수 있는 방안을 모색해 봄 직합니다.

HRD에 대한 변화와 이에 따른 기대를 충족시켜 나가는 과정은 구성원들의 개별화되고 전문적인 암묵적 지식들을 조직의 특화된 명시적 지식 또는 지적자산으로 변환하는 과정이 될 수 있습니다.

이와 함께 구성원들의 자기주도적인 학습을 이끌어내고 조직 내 학습하는 문화가 정착되어 구성원들의 아이디어와 문제해결이 선순환되는 구조를 만들어낼 수도 있습니다.

뉴노멀 시대로 접어들고 있는 HRD에 있어서의 변화와 기대 그리고 이를 구현하는 방법은 다양합니다. 그래서 HRD는 더 많은 생각과 시도를 해봐야 합니다. HRD가 조직의 비즈니스 파트너가 되고 전략적으로 접근하고자 한다면 이를 간과해서는 안 될 것입니다.

◆가상현실VR, Virtual Reality, 증강현실AR, Augmented Reality, 혼합현실MR, Mixed Reality

AR 증강현실이란, 눈앞에 보이는 현실세계의 영상에 부가(증강)하여 컴퓨터에 의해 만들어진 가상 그래픽, 소리 및 기타 정보를 사용자의 자세나 위치에 따라, 추가하여 함께 제공하는 기술을 의미합니다.

현실세계를 가상세계로 보완해주는 개념으로, 컴퓨터 그래픽으로 만들어진 가상정보를 사용하지만 현실세계가 중심입니다. 일반적인 증강현실 서비스는, 특정 마커Marker나 패턴이 있는 곳을 스마트폰(혹은 태블릿) 으로 비추면 그 안에 숨겨진 정보를 스마트폰 화면에 보인 마커 위에 그래픽 정보를 증강해서 보여는 방식입니다. 마커를 감지하고 지속적으로 추적하는 트래킹 기술이 중요합니다. 마커로는 평면에 흑백으로 표시된 패턴, QR 코드, 미리 알고 있는 사진, 선이나 원과 같은 특정한 패턴 등 다양합니다.

VR 가상현실이란, 컴퓨터 소프트웨어를 사용하여 현실세계와 매우 흡사한 가상세계를 생성하는 기술과, 사용자에게 실제 같은 영상, 음향 및 기타 감각 정보를 제공함으로써 가상세계 안에서 시간적, 공간적으로 스스로 존재하는 것처럼 느끼고 인터랙션 할 수 있도록 해주는 시뮬레이션 기술을 의미합니다.

현실세계에 대한 정보는 없고, 가상으로 만들어진 세계만을 사용자는 경험하게 됩니다. 수많은 장기와 세포로 구성된 인체 내부를 가상으로 재현하여 관찰하고 학습하는 시스템, 군인들이 작전에 투입되기 전에 실제 전장과 유사한 환경을 가상현실로 만들어 미리 훈련하는 훈련시스템, 항공기 운전석을 가상현실로 만들어 전투기나 항공기의 운전, 비행 훈련시스템이 대표적입니다.

가상현실을 체험하려면 삼차원 정보 표현과 인터랙션이 가능한 헤드마운트 디스플레이HMD 시스템을 갖추어야 합니다.

MR 혼합현실이란, 현실세계에 대한 삼차원 정보들을 감지하여 사용자의 위치와 자세에 따라 가상 물체(정보)를 현실세계 속 실제 물체와 함께 존재하는 것처럼 생성, 부가하여 제시하고, 사용자와 가상 물체, 실제 물체가 현실처럼 서로 물리적으로 인터랙션 함으로써 모두 실제인 것처럼 느끼도록 해주는 기술을 의미합니다.

from 유범재(2018). 가상현실, 증강현실 및 혼합현실 개요,
로봇과 인간, 15(4), 3-7.

◆ **XR**Extended Reality

XR이라는 단어는 AR, VR, MR 등의 몰입형 학습을 위한 기술들과 함께 활용되고 있으며, 이러한 기술들을 구분하는 확장현실에 대한 정의와 기술의 활용은 혼재되어 있습니다. Palmas와 Klinker은 XR은 AR, VR, MR 등을 모두 혼합한 개념으로 컴퓨터를 통해서 구현되는 가상의 세계와 현실의 세계가 통합되어 현실의 경계를 가상의 공간으로까지 확장시키는 개념이라고 정의하였습니다.

from 최서현, 이주영, 신윤희(2022). XR 교육 콘텐츠 설계를 위한 수업에서의 XR 적용 및 효과, 디지털콘텐츠학회논문지, 23(9), 1757-1766.

Letter 16.
학습문화를 조성할 수 있을까요?

리더십 모델 가운데 상황적 리더십 모델situational leadership model이 있습니다. 허시P. Hersey와 블랜차드K. Blanchard에 의해 제시된 이 모델의 핵심은 직무수행 의지와 능력에 기반한 팔로워의 성숙도에 따라 리더십 스타일의 변화가 필요하다는 것입니다.

그런데 이와 같은 모델은 비단 리더십에만 적용되는 것은 아닙니다. 구성원들의 성장을 위한 학습 솔루션을 개발하고 제공하는 것에 있어서도 눈여겨볼 필요가 있습니다.

많은 조직에서는 구성원들의 역량이 곧 조직의 역량이라는 생각으로 구성원들의 역량 개발과 향상을 위한 다양한 노력을 기울이고 있습니다. 예를 들면 조직이나 직무에 새로 유입되는 인원을 대상으로 시행하는 온보딩on boarding 프로그램을 비롯해서 승진자를 위한 교육 그리고 나날이 새로워지고 변화되는 직무와 관련된 교육도 빠지지 않습니다.

더군다나 교육의 방법도 교수자 중심의 내용 전달에서 벗어나 학습자 중심의 경험 공유 등으로 변화되고 있습니다. 이는 자연스럽게 구성원들의 자기주도적인 학습에 대한 기대로 연결되기도 합니다.

이와 관련 조직 내 HRD의 역할도 변화되고 있습니다. 요구분석을 통해 각종 교육과정이나 프로그램을 개발하여 지원하는 것과 같은 직접적인 지원을 넘어 조직별 학습문화 조성과 학습조직 구축 그리고 이를 위한 학습 플랫폼을 제공하는 등과 같은 간접적인 지원이 확대되고 있습니다.

그런데 조직이나 HRD에서 생각하고 지원하는 것에 비해 구성원들의 자기주도적인 학습은 기대에 미치지 못하는 경우가 많습니다.

여러 가지 이유가 있겠지만 그 중 하나는 앞서 제시한 상황적 리더십 모델에서 힌트를 얻을 수 있습니다. 즉, 학습자의 스타일에 따른 차이를 반영하지 않았기 때문입니다.

당연한 말이지만 모든 구성원들이 자기주도적 학습을 할 수 있는 스타일은 아닙니다. 이는 개인별 학습능력의 문제도 일부 있겠지만 각각의 구성원들이 처한 상황, 직무, 환경 등의 변수가 많기 때문입니다. 다시 말해 자기주도적 학습이 가능한 상태에 있는 학습자가 있는 반면, 그렇지 않은 학습자도 존재하는데 이를 간과할 경우, 학습에 대한 의지와 실행력을 기대하기 힘들다는 것입니다.

그렇다면 학습자의 스타일은 어떻게 구분해 볼 수 있을까요?

정형화되거나 일반화된 구분은 아니지만 학습자의 성격과 상호작용 정도에 따라 콘텐츠 소비자consumer, 추천자curator, 개발자creator 그리고 전달자instructor 등과 같이 네 가지 정도로 구분해 볼 수 있습니다.

먼저 콘텐츠 소비자contents consumer는 내성적이면서 상호작용에 대해 큰 의미를 부여하지 않는 학습자 스타일입니다. 이와 같은 스타일의 학습자는 전통적인 교실수업에 적합합니다. 이른바 잘 정리된 내용을 교수자에 의해 전달받는 과정 속에서 학습이 이루어집니다.

다음으로 콘텐츠 추천자contents curator는 내성적이지만 상호작용에 대해서는 나름의 의미를 부여하는 학습자 스타일입니다. 이러한 스타일의 학습자는 자신이 접하는 수많은 자료 중 양질의 자료를 선별하고 이를 동료들에게 공유하는 과정을 통해 학습하게 됩니다.

콘텐츠 개발자contents creator는 외향적이기는 하지만 상호작용에 대해서는 큰 의미를 부여하지 않는 학습자 스타일입니다. 이런 스타일의 학습자는 자신의 관심 분야나 하고 있는 일과 관련된 내용을 스스로 정리하고 콘텐츠화하는 과정을 통해 학습합니다.

마지막으로 콘텐츠 전달자contents instructor는 외향적이면서 상호작용에 대해서도 큰 의미를 부여하는 학습자 스타일입니다. 이들은 자신이 직·간접적으로 접한 내용을 강의, 발표, 토론, 토의 등과 같은 활동을 통해 여러 사람들에게 알리는 과정 속에서 학습이 이루어지는 경우입니다.

물론 임의적으로 구분해 본 학습자 스타일이지만 각기 다른 접근방식이 달라져야 한다는 것은 분명해 보입니다.

특히, 거의 모든 분야에 걸쳐 수요자 중심on demand과 최적화 customization에 대한 요구가 빈번해지고 있는 상황을 고려하면 학습 역시 학습자의 스타일에 기반해서 접근할 필요가 있습니다.

학습자의 학습 스타일은 마이어스-브릭스 유형 지표Myers-Briggs-Type Indicator, MBTI와 같이 나쁜 스타일은 없습니다. 단지 자신에 게 보다 적합한 학습 스타일이 있을 뿐입니다.

따라서 HRD에서는 조직 구성원들이 자신에게 맞는 학습 스 타일이 무엇인지를 확인해 볼 수 있도록 해야 합니다.

아울러 각각의 스타일에 적합한 학습방법을 제공해주기 위한 고민과 노력을 기울여 볼 필요가 있습니다.

그리고 조직 내 각기 다른 학습 스타일을 보유한 구성원들이 저마다의 학습방법으로 조직학습이 이루어질 수 있는 환경을 선제적으로 구축하고 필요한 지원을 전개해나가야 합니다.

조직에서 구성원들에게 기대하는 자기주도학습은 각각의 구성원들이 지닌 다양한 학습 스타일이 자연스럽게 순환되어 질 때 이루어질 수 있습니다. 또한 이와 같은 순환은 곧 조직의 학습문화 정착을 위한 기반이 됩니다.

◆온보딩 과정

온보딩은 사회화 연구에서 최근에 많이 사용되고 있는 비교적 새로운
용어입니다.

온보딩의 개념은 조직 관점을 강조하는 경우, 신규 입사자가 새로운
직업의 사회적 및 성과 측면에 적응하도록 돕는 프로세스이자 신규
입사자 적응을 촉진하기 위해 조직 또는 그 대리인이 주관하는 곳에
참여하는 공식 및 비공식 관행, 프로그램 및 정책으로 정의됩니다.

개인 관점을 강조하는 경우, 온보딩은 개인과 조직의 요구에 맞는 조직
역할을 수행하기 위한 개인의 학습 및 조정 프로세스로 정의되고 있습
니다.

온보딩과 사회화의 특징에는 약간의 혼란이 있지만 사회화는 개인의
임기 동안 조직 전반 그리고 경력 전반에 걸쳐 확장되는 지속적인 프
로세스이며 온보딩은 구성원이 처음 조직에 진입할 때 주로 발생하는
것으로 이해되고 있습니다.

온보딩의 대상은 일반적으로 조직 생활을 처음 하는 신입사원을 대상
으로 하지만 Dai와 De Meuse는 온보딩을 새로운 고위 관리자나 임
원을 회사에 통합하는데 더 초점을 맞춘 프로세스이며 온보딩의 목표
는 관리자가 가능한 빨리 업무에 성공할 수 있도록 준비하는 것이라
고 하였습니다.

리더를 대상으로 한 온보딩 연구들은 조직 외부로부터 영입된 리더에게 주로 사용되는 경향이 있는데 온보딩은 내부 이전이나 승진을 통한 새로운 관리 역할을 지원하는 데에도 똑같이 중요합니다.

임원 온보딩은 학계에서 비교적 새로운 용어로 임원 온보딩은 새로운 경영진 또는 고위 관리자를 회사에 적극적으로 통합하는 데 직접 초점을 맞춘 프로세스로 정의되고 있습니다.

요약하면, 조직사회화가 비교적 장기간 또는 경력 전반에 걸쳐 이루어지는 반면, 온보딩은 조직 진입 후 단기간 내의 적응을 의미하는 것이 일반적입니다.

from 최루디아, 이기성(2022). 대기업 내부 승진 임원의 온보딩 과정에 대한 근거이론적 분석, HRD연구, 24(1), 107-153.

Letter 17.
HRD컨퍼런스는
참석해야 하나요?

해마다 각종 컨퍼런스가 개최됩니다. HRD분야에서도 마찬가지입니다. HRD를 중점적으로 다루고 있거나 이와 관련된 주제를 포함하는 컨퍼런스는 학술대회를 포함해서 일 년에 10여 회가 넘습니다. 해외 컨퍼런스까지 포함하면 그 수는 더 많아집니다.

물론 이러한 컨퍼런스에 모두 참여하는 것은 현실적으로 쉽지 않습니다. 하지만 자신이 하고 있는 일과 해야 할 일 또는 하고 싶은 일과 관련된 주제를 다루고 있는 컨퍼런스에는 시간을 내어 참여해 볼 필요가 있습니다.

컨퍼런스에 참여해야 하는 이유 중 하나는 양질의 콘텐츠를 비교적 쉽게 접할 수 있기 때문입니다.

양질의 콘텐츠는 해당 주제와 관련된 최근의 트렌드와 이슈를 다루고 있으며 발표자의 전문적인 지식과 사례 그리고 경험 등을 포함하고 있는 콘텐츠라고도 할 수 있습니다. 이러한 콘텐츠를 개인적으로 찾아보고 학습해야 하는 시간과 비교하면 그야말로 단기 속성과정인 셈입니다. 이와 함께 컨퍼런스 자료집에서는 볼 수 없는 내용을 접할 수 있습니다. 이른바 암묵지를 접할 수 있는 것입니다.

다음으로는 같은 분야에 있지만 다른 생각과 관점을 가지고 접근하는 방법을 배울 수 있기 때문입니다.

이 과정에서 자신이 하고 있는 일과 관련하여 직접적인 도움을 받을 수도 있지만 간접적인 도움이나 기대하지 않았던 도움을 받을 수도 있습니다. 이를 위해서는 발표를 듣는 과정에서 스스로에게 끊임없이 질문하고 고민하는 것이 필요합니다.

새로운 아이디어를 얻을 수 있는 것도 컨퍼런스에 참석해야 하는 이유가 됩니다.

새로운 아이디어는 무無에서 유有를 만드는 것이 아니라 유有에서 유有를 만드는 것입니다. 토론자들이 있는 경우라면 또 다른 새로움을 접할 수 있습니다. 비록 짧은 시간이지만 토론자들은 심혈을 기울여 준비하고 새로운 내용과 제안을 제시하기 때문입니다.

아울러 해당 분야나 주제의 전문가에게 직접 질문을 하고 이에 대한 답변을 얻을 수 있는 것도 컨퍼런스에 참석해야 가능한 일입니다.

좋은 질문은 좋은 답변을 이끌어내게 되며 경우에 따라 컨퍼런스에서 발표된 내용을 훌쩍 뛰어 넘는 인사이트를 얻을 수도 있습니다. 물론 질문을 하기 위해서는 잘 들어야 하며 스스로 관심과 생각이 있어야 합니다.

그렇다면 컨퍼런스에 참석해서 무엇을 해야 할까요?

발표되는 내용을 정리하는 것은 기본입니다. 단, 발표자료를 정리하는 것이 아니라 발표자의 입을 통해 나오는 내용을 메모하고 정리해야 합니다.

이렇게 하려면 그야말로 제대로 경청해야 합니다. 발표자료를 사진으로 찍는 것은 큰 도움이 되지 않습니다. 오히려 사진 찍을 시간에 발표내용을 귀담아듣는 편이 훨씬 유용합니다.

다음으로는 지식을 재구성해야 합니다. 내용을 들으면서 자신이 알고 있는 지식들과 연결해봐야 합니다. 관련성이 있다고 생각되는 개념이나 사례 등도 연결의 대상입니다. 사고의 확장은 이렇게도 이루어집니다.

자신의 일과 관련된 아이디어를 기록해야 하는 것도 컨퍼런스에 참석해서 해야 할 일입니다. 비단 업무에 국한된 아이디어만 고집할 필요는 없습니다. 개인적인 글쓰기의 주제나 논문의 주제가 될 수도 있습니다. 때때로 일보다 더 중요한 삶에 있어서의 아이디어가 기록될 수도 있습니다.

또한 하고 있는 일에 대한 실행계획이나 방안에 대한 대략적인 밑그림을 그려보는 것도 해야 할 일 중 하나입니다. 구체적이고 세부적인 내용은 컨퍼런스 이후에 보다 여유있는 시간과 충분한 자료를 통해 그려 나가면 됩니다.

아울러 할 수 있다면 인적교류도 좋습니다. 하지만 컨퍼런스에 참석한다고 해서 저절로 교류가 이루어지는 것은 아닙니다. 경험이 있겠지만 명함을 주고받는 행위만으로는 별 효용이 없습니다.

컨퍼런스에서 인적교류를 하고자 한다면 자신과 타인을 연결시켜 줄 수 있는 사람과 함께 가는 것이 좋습니다. 이렇게 하면 서로 매너있는 인사만 주고받고 헤어지는 일은 방지할 수 있습니다.

컨퍼런스 참석한다고 해서 매번 새로운 내용을 접하거나 문제 해결의 단초를 찾을 수 있는 것은 아닙니다.

하지만 적어도 고인물에 머무르지 않고 흐르는 물에 손과 발을 담가볼 수는 있습니다. 대부분 선순환이 이루어지는데 이는 개인과 조직 모두에게 도움이 됩니다.

그리고 컨퍼런스 내용에 대한 정리와 질문, 아이디어 도출 등을 통해 자연스럽게 학습이 이루어질 수 있습니다. 아울러 이에 대한 내용을 공유하는 과정에서 일정 부분 조직과 동료에게 기여할 수 있다는 것도 간과할 수 없습니다.

따라서 앞으로는 '기회가 된다면'이 아니라 '기회를 만들어' 컨퍼런스에 참석하면 좋겠습니다. 그리고 참석하게 되면 주변을 기웃거리거나 구경꾼이 되지 말고 학습의 주체로 접근해봐야 하겠습니다. 컨퍼런스는 몇 안되는 take & give가 가능한 기회입니다. 이와 더불어 자신의 장기기억 속 어딘가에 저장되어 있던 아이디어를 촉발시키는 계기를 만들어 주는 기회이기도 합니다.

◆HRDer가 참여해볼만한 컨퍼런스

대한리더십학회 학술대회

한국인력개발학회 학술대회

한국기업교육학회 학술대회

한국인적자원관리학회 학술대회

한국성인교육학회 학술대회

한국산업교육학회 학술대회

인적자원개발 컨퍼런스

글로벌 인재 포럼

동아비즈니스 포럼

휴넷 HRD리더십 포럼

유밥 스마트러닝 인사이트 포럼

ATD컨퍼런스(해외)

AHRD컨퍼런스(해외)

Letter 18.
HRD는 무엇을 추구해야 하나요?

지난 수세기 동안 교육은 시간과 돈이 있는 소수의 사람들에게만 주어진 혜택이었지만 사회가 산업화되기 시작한 이후부터 상황은 급변했습니다. 많은 사람들에게 기본적이며 공식적인 교육의 기회가 제공되기 시작한 것입니다. 그리고 이와 같은 교육이 보편화되면서 교육은 개인이 사회로 나아가는데 있어 하나의 중요한 징검다리가 되었습니다.

한편 급격한 경제적, 기술적인 변화로 인해 교육체계에서 중점을 두는 것과 사회체계에서 중점을 두는 것과의 차이가 발생하기 시작했습니다. 즉 새로운 기술과 지식경제의 등장이 일과 교육에 관한 전통적인 개념을 변화시키기 시작한 것입니다.

그래서 공식적인 제도 내에서 구조화된 지식전달과 기술습득을 함의하는 교육과 훈련teaching & training의 개념은 다양한 환경 속에서 이루어지는 광범위한 학습learning의 개념으로 확장되어 왔습니다.

교육과 훈련에서 학습으로의 이동은 생각보다 큰 차이입니다. 이는 학습자들이 단순히 제도적인 교육환경 속에서 수동적으로 있는 것이 아니라 다양한 형태의 자료로부터 통찰력을 얻을 수 있는 적극적이고 호기심어린 사회적 행위자들로 변화하고 있다는 것을 의미합니다. 그리고 이와 같은 학습은 개인 및 조직에 필요한 기술과 지식이 모든 형태와의 만남을 통해 얻어진다는 것을 의미하기도 합니다.

이와 같은 상황 및 과정 속에서 HRD는 필연적으로 변화를 수반하게 되었습니다. 시·공간적인 측면에서 보면 온라인과 오프라인의 경계가 사라지고 있으며 개인들은 현실세계real world와 가상세계virtual world를 넘나드는 환경을 경험하고 있습니다. 실제로 HRD에서는 가상현실Virtual Reality, 증강현실Augmented Reality, 혼합현실Mixed Reality 등과 같은 개념을 교육 및 학습현장에 적용하거나 구현하고 있기도 합니다.

 또한 내용이나 방법적인 측면에서 보면 기존에 없었던 새로운 것이 개발되는 경우도 있지만 이미 검증된 아이디어나 제도, 기술 등을 창조적으로 재결합해 새로운 가치를 창출하는 융합도 부각되어져 왔습니다. 융합의 개념은 주로 IT 분야에서 활성화되어 있지만 HRD에서도 블랜디드blended, 퓨전fusion, 하이브리드hybrid, 크로스오버crossover 등과 같은 수식어를 통해 접근되어지고 있습니다.

 이와 같은 변화 속에서 HRD에 요구되는 것은 하이콘셉트high-concept와 하이터치high-touch라고 볼 수 있습니다.

 하이콘셉트high-concept는 창의적, 독창적 사고를 통해 새로운 가치를 만들어내는 것을 의미하며 하이터치high-touch는 사람의 감정을 이해하고 공감을 이끌어내는 것을 의미합니다.

 HRD에서 하이콘셉트와 하이터치를 접목시키기 위해서는 먼저 HRD분야에 있는 이들의 업에 대한 진정성authentic이 요구됩니다.

이는 HRD를 일job이 아닌 소명calling으로 접근해야 가능합니다.

다음으로는 HRD에서 교감交感의 대상을 확장해야 합니다. 교감의 대상은 사람과 사람뿐만이 아니라 사람과 비즈니스, 사람과 기기, 사람과 소프트웨어, 사람과 환경, 문화 등 그 대상이 광범위합니다. HRD가 지금까지 사람에 국한된 교감을 해왔다면 이제는 교감의 대상과 범위를 확장시켜야 합니다.

아울러 익숙함에서 벗어나 불편함을 찾아야 합니다. HRD에서의 익숙함이란 기존에 해왔던 방법이나 방식을 의미합니다. 익숙함 속에서는 새로움을 찾기가 쉽지 않습니다. 많은 분야에서 제시된 새로운 개념이나 프로세스 그리고 비즈니스 모델 등은 대부분 불편함을 해결하는 과정 속에서 나왔습니다. 그래서 지금 당장 불편함을 크게 느끼지 못한다면 의도적으로라도 불편함을 찾아 나서야 합니다. 그 속에서 HRD에서의 하이콘셉트와 하이터치의 실마리를 찾을 가능성이 커집니다.

디지털 트랜스포메이션Digital Transformation이라는 시대의 화두는 많은 영역과 분야에서 영향을 미치고 있습니다. HRD 역시 영향을 받고 있는 것이 사실입니다. 그렇지만 0과 1만으로 HRD의 방향을 설정하고 방법을 제시하기는 어렵습니다. HRD의 새로운 가치와 기회를 창출하고 방법을 제시하기 위해서는 그 어느 때보다 하이콘셉트와 하이터치가 필요합니다. 그리고 이는 HRD에서 더 이상 미룰 수 없는 일이기도 합니다.

◆ **하이브리드 러닝**Hybrid Learning

온·오프라인 학습환경이 공존하는 복합적 환경을 구축하고 학습자의 지속적인 학습과 체험적 학습을 지원하는 교수 방법을 말합니다. 하이브리드 러닝은 과학, 기술, 공학 및 수학STEM 접근 방식의 학습 시스템을 응용하는데 주로 사용해왔습니다.

하이브리드 러닝에서 온라인 학습환경은 지식 저장소의 역할, 교수자와 학습자의 데이터 확보, 지속적인 검토 등에 용이합니다. 그리고 하이브리드 러닝의 근간은 학습자 중심의 학습환경을 구축하는데 있습니다. 이를 위해 지속적인 학습이 일어날 수 있도록 주제에 대한 지식, 교사-학생, 학생-학생 상호작용, 하이브리드형 수업 관리, 하이브리드형 지도설계라는 4요소를 갖춰야 합니다.

from 홍미선, 배진아, 박정환, 조정원(2022). 하이브리드 러닝 기반 AI교육 시스템 구성, 한국정보통신학회 종합학술대회 논문집, 26(2), 188-190.

◆ **교차학습**crossover learning

형식적 교육과 비형식적 교육의 특장점을 살려 미래 사회에 필요한 다양하고 폭넓은 인재를 육성한다는 목표를 지향하고 있습니다. 이는 하나의 전공능력을 갖춘 사람이 또 다른 전공능력을 습득할 수 있는 학습으로 이른바 융복합 학습이라고도 할 수 있습니다. 아울러 모든 학습영역과 사업영역을 즉시 옮겨 다니며 배우고 경험할 수 있는 학습이기도 합니다.

from 이태욱(2017). 충청일보(*https://www.ccdailynews.com*)

Letter 19.

맞춤형 HRD도 할 수 있을까요?

오마카세おまかせ는 일종의 일식 요리사 특선 요리입니다. 손님이 오마카세를 주문하면 요리사는 그 때부터 손님에게 제공할 음식을 만들기 시작합니다.

그날의 신선한 재료로 요리사의 기술과 손님의 분위기 등에 맞춰 하나하나 정성을 담아 손님의 식탁 위에 음식을 올려놓습니다. 그러다 보니 같은 종류의 오마카세를 매번 접하는 일은 드뭅니다.

오마카세를 주문받은 요리사는 손님의 반응을 보고 그에 적합한 또 다른 음식을 하나씩 제공합니다. 그리고 손님은 그 순간부터 요리사에게 메뉴를 일임하고 즐기면 됩니다. 물론 비용은 제법 나갑니다.

HRD분야에서 '학습자들에게 오마카세와 같은 콘텐츠를 제공해보면 어떨까?'라는 생각을 해보게 됩니다.

학습자들이 교수자에게 콘텐츠 선택을 온전히 맡기고 교수자는 학습자 개개인 혹은 학습그룹별 최적화된 콘텐츠를 제공하는 것입니다. 쉽게 이야기하면 학습자는 교수자가 준비한 콘텐츠를 즐기고 소비하는 것이라고도 할 수 있습니다.

이를 위해 교수자는 개별 학습자 또는 학습 그룹을 대상으로 몇 가지 콘텐츠를 제공해주고 그들이 반응을 보이는 콘텐츠를 중심으로 시작해보면 됩니다.

이후 교수자는 이들의 반응과 수행 수준을 고려하여 제공하고 있는 콘텐츠에 대한 심화과정을 제공하거나 연계된 과정을 이어서 제공할 수도 있습니다. 경우에 따라서는 선택한 영역의 콘텐츠 자체를 변경할 수도 있습니다.

이렇게 되면 HRD를 비롯하여 여러 분야에서 회자되는 개별
화customization된 추천curation에 의한 학습을 어느 정도 기대해 볼 수
도 있습니다.

물론 이미 수 년 전부터 학습의 알고리즘algorithm을 통해 일련의
콘텐츠들이 학습자에게 추천되고는 있습니다.

하지만 아직까지는 이렇게 제공된 콘텐츠들의 정확성 측면에
서 볼 때 학습자들이 다시 한 번 확인하고 선택해야 하는 과정
을 거쳐야 하는 경우가 많습니다.

학습자들에게 오마카세와 같은 콘텐츠를 제공해주고 학습동
기를 유발시키기 위해서는 몇 가지 선결 조건이 필요합니다.

먼저 교수자의 실력입니다. 교수자의 실력이 확인되지 않거
나 보장할 수 없는 경우라면 이와 같은 학습은 이루어지기 어렵
습니다.

교수자의 실력은 해당 전공분야에만 국한되지 않습니다. 학문
적으로나 실무적으로 소위 말하는 '융합형 전문가'여야 가능하니

다. 현실적으로 어렵다면 적어도 융합적인 접근과 제안을 해줄 수 있을 정도의 식견과 인적 네트워크 정도는 갖추어야 합니다.

다음으로는 교수자에 대한 학습자의 신뢰가 필요합니다. 당연한 이야기지만 상호간 신뢰가 없는 경우라면 이와 같은 학습은 안하니만 못한 결과를 초래할 수 있습니다.

신뢰는 실력만으로는 형성되지 않습니다. 실력과 함께 인성도 갖추어야 합니다. 즉 교수자가 학습자로부터 신뢰를 얻기 위해서는 지식이나 스킬 뿐 만 아니라 인성이나 태도적인 부분에 있어서도 흠결이 있어서는 안됩니다.

학습자가 신뢰하는 교수자로부터 제공받는 콘텐츠라면 수용성도 높아지고 실행력도 한층 더 배가될 수 있습니다.

오늘날 학습자들에게 제공되는 학습 콘텐츠는 이루 헤아릴 수 없을 정도로 많아졌습니다.

다만 선택할 수 있는 콘텐츠가 많아지면 많아질수록 오히려 피로도도 증가하고 적절한 선택을 하지 못하게 되는 경우도 있습니다. 많은 종류의 향수나 쵸콜릿을 펼쳐 놓고 소비자에게 선택권을 주었을 때 구매로 이어지는 경우가 많지 않다는 연구결과가 이를 말해줍니다.

그리고 때때로 HRD콘텐츠들과 접근방법들을 보면 마치 프렌차이즈화되어 제공되는 것처럼 느껴지는 경우들이 있습니다.

그런데 표준화되고 아는 맛도 좋지만 가끔은 혹은 나만을 위한 손맛이 담긴 콘텐츠를 접할 수 있다면 어떨까요? 다시 찾게 되는 빈도가 더 많아지지는 않을까요?

스스로의 선택과 결정도 중요하지만 가끔은 누군가가 알아서 해주었으면 하는 생각이 들 때도 있습니다. 학습도 예외는 아닙니다. 무엇을 더 봐야 하는지 혹은 무엇을 더 해야 하는지 등에 대해 나를 위한 콘텐츠를 준비하고 경중완급을 고려하여 제공해 줄 수 있다면 특화된 HRD가 될 수도 있을 것입니다.

그리고 많은 영역에서 그러하듯이 HRD에서도 소비자인 학습자들의 다양한 요구와 개별화된 취향을 눈여겨봐야 할 때가 되었습니다.

◆학습 큐레이터

학습 큐레이터는 학습자들이 가치있게 받아들일 수 있는 정보 또는 콘텐츠를 제공하고, 이를 효과적으로 활용할 수 있는 방법을 함께 제안하여 학습 기회를 확장시키는 역할을 수행합니다.

from 주영진, 박윤희, 노동원, 김민영(2021). 코로나19로 변화된 HRD 담당자 역할 및 역량에 관한 연구, 기업교육과 인재연구, 23(3), 235-288.

Letter 20.

HRD에서 새로운 시도를
해봐도 될까요?

포틀럭 파티potluck party는 초대받은 이들이 자신의 취향이나 모임의 성격을 고려해서 준비한 요리나 음료 등을 모아 놓고 함께 즐기는 모임을 의미합니다. 일반적으로 주최하는 사람은 간단한 메인요리만 준비합니다.

이러한 포틀럭 파티는 서로에게 부담이 덜하지만 결과적으로는 다양하고 풍성한 자리가 되는 경우가 많습니다.

'HRD에서도 이와 같은 포틀럭 파티를 한다면 어떨까?'라는 생각을 해봅니다. 이른바 포틀럭 클래스potluck class를 만들어 보는 것입니다.

포틀럭 클래스는 일종의 학습 파티이자 모임입니다. 포틀럭 파티와 마찬가지로 이 클래스의 주최자, 즉 교수자는 주제에 부합된 메인 콘텐츠를 준비하고 클래스에 초대받은 학습자들은 사전 제시된 주제와 어울리는 콘텐츠를 준비해오는 형태입니다.

물론 이와 같은 클래스는 특정 주제에 국한되고 소규모로 이루어지겠지만 효과적인 측면에서는 남다른 기대를 해 볼 수 있습니다.

포틀럭 클래스가 컨퍼런스나 세미나 혹은 포럼 등과 유사한 형태로 보일 수 있지만 학습자의 역할이 다르다는 점에서 차이가 있습니다.

포틀럭 클래스에 참여하는 학습자는 다른 사람이 준비해 온 내용을 듣기만 하는 것이 아니라 본인이 준비해 온 내용을 전달하기도 합니다. 학습자이자 교수자가 되는 것입니다.

당연한 이야기지만 본인이 준비하는 내용에 대해서는 많은 생각과 고민을 하게 됩니다. 그리고 자신이 준비한 내용에 대해 다른 사람들의 반응도 생각하지 않을 수 없습니다.

이 과정에서 자연스럽게 학습이 일어나게 됩니다. 학습은 누군가로부터 듣기만해서는 충분히 이루어지지 않습니다. 스스로 생각하고 표현하는 행위까지 포함되어야 합니다.

이런 측면에서 볼 때 포틀럭 클래스는 기존의 일반적인 클래스에서는 기대하기 어려운 것들을 끄집어낼 수 있습니다.

다음으로 포틀럭 클래스는 주요 주제와 연계된 다양한 주제들을 접해볼 수 있습니다. 제시된 주제와 관련해서 관심사는 물론, 최신 이슈 등에 이르기까지 교수자 혼자 준비하는 것에 비해 보다 넓고 깊은 내용들을 접할 수 있는 것입니다.

게다가 개별적으로 준비를 하기에 포틀럭 클래스에 참석한 이들로 하여금 클래스가 시작되기 전부터 궁금증이나 호기심을 유발시킬 수도 있습니다.

같은 내용을 준비했어도 문제없습니다. 재료가 같더라도 손맛에 따라 혹은 조리방법에 따라 맛도 달라지고 느낌도 달라지기 때문입니다.

학습자들의 학습동기를 유발시키고 학습을 촉진시키는 방법은 많습니다. 그 중에서 상대적으로 더 효과적인 방법은 학습자들을 참여시키는 것입니다. 더 나아가보면 학습자를 청중이나 관객이 아닌 선수로 뛰게 하는 것입니다.

오래된 연구이기는 하지만 학습자가 보고 듣기만 하는 경우보다 직접 말하고 행동할 때 학습의 효과가 거의 2배 이상 높다는 결과를 주목해 볼 필요가 있습니다. 이런 측면에서 포틀럭 클래스는 HRD를 수행하는 또 하나의 방법이 될 수 있습니다.

아울러 포틀럭 클래스가 열리게 된다면 이 클래스의 주최자나 초대받은 이 모두가 설레임을 갖고 참여하게 될 것입니다. 그리고 다음 번 포틀럭 클래스에는 한 차원 달라진 내용을 준비해서 선보일 가능성도 큽니다. 자기주도적인 학습과 일상의 학습은 이렇게 이루어집니다.

◆ **학습동기**

학습동기는 일터학습에서 학습에 대한 중요한 동기부여 요인이며내재적 학습동기와 외재적 학습동기로 구분될 수 있습니다.

내재적 학습동기는 학습으로 인한 결과보다는 과제를 수행하는 과정에서 오는 만족감으로 인해 학습자를 학습에 참여시키고, 학습목표 달성을 위한 행동을 유지시키고 강화시키기 때문에 외부의 별다른 보상을 필요로 하지 않는 학습동기라 볼 수 있습니다. 내재적 동기화된 사람들에게 최선의 보상은 실력 향상, 자기 통제의 느낌, 자기만족, 혹은 자신이 해낸 일에 대한 뿌듯함 등이 해당됩니다.

내재적 동기는 자율성autonomy이나 자기 결정self-determination의 경험에 기초하기 때문에 개인의 자율성을 침해하는 일은 내재적 동기를 저하시키지만 반대로 자신이 내적으로 활동을 통제하는 것으로 인식하면 그 활동에 대한 내재적 동기는 강화됩니다.

Harter는 내재적 동기 도전을 선호하고, 새로운 것을 배우려는 욕구가 강하며, 타인의 도움 없이 독립적으로 과제를 수행하거나 이해하려는 욕구가 강하고, 과제의 성공과 실패를 결정하는 데 사용한다고 정의하였습니다.

외재적 학습동기는 학습을 통해 얻고자 하는 보상이나 압력 또는 처벌을 회피하기 위해 학습을 하는 것으로 보상, 승진, 칭찬 등 목적 달성을 위한 수단에 의해 학습이 발생하는 것을 의미합니다.

이러한 외재적 동기는 자기결정성의 정도에 따라 타율적 외재적 동기와 자율적 외재적 동기로 구성될 수 있습니다. 타율적 외재적 동기란 타인의 압력에 의해 억지로 하거나 보상이나 벌 같은 외부의 자극으로부터 유발되는 동기를 의미하며, 자율적 외재적 동기란 외적으로 조정되었던 가치나 목표를 자신의 것으로 수용하고 선택해서 행동하게 될 때 발생되는 동기를 나타냅니다.

from 박현주, 김진모(2018). 대기업 근로자의 무형식학습과 학습동기, 상사의 학습지원 및 학습문화의 관계, HRD연구, 20(2), 25-49.

Letter 21.

CoP를 만들어야 하나요?

조직의 경쟁우위를 제공하며 지속적인 성장의 기반이 되는 중요한 조직자원 중 하나는 지식입니다. 조직에서는 지식창출 및 공유가 성과에 직·간접적인 영향을 미칩니다.

이와 관련 기업에서는 학습공동체 혹은 실행공동체Community of Practice, 이하 CoP라는 용어로 익숙한 학습조직 활성화에 대해 다시 생각해봐야 할 필요가 있습니다.

학습조직 활성화가 필요한 여러 가지 이유 중 하나는 조직의 경쟁력은 구성원들이 보유하고 있는 지식의 수준 및 정도와 정비례하기 때문입니다. 구성원들의 지식은 단순히 직무지식만을 의미하는 것은 아닙니다. 개개인이 가지고 있는 스킬이나 프로세스는 물론, 아이디어 등에 이르기까지 매우 포괄적이며 광범위합니다.

이와 같은 지식은 일반적으로 문서화, 디지털화된 형태 등을 통해 비교적 쉽게 습득되거나 전달된다고 여겨지는 명시적 지식과 구성원 간 상호작용 등 비공식적인 공유를 통해 가능한 암묵적 지식으로 구분됩니다. 명시적 지식은 공식적인 교육 등을 통해 습득이 가능하지만 암묵적 지식은 그렇지 않습니다. 오히려 일터학습, 학습조직 등과 같은 비공식적 교육에 의해 습득되는 경우가 많습니다.

다음으로 학습조직 활성화가 필요한 이유는 지식의 반감기가 급격하게 단축되고 있기 때문입니다. 과거에는 개인이 보유한 지식의 유통기간이 상대적으로 길었습니다. 한 번 습득한 지식을 가지고 수 년 간 업무에 활용할 수 있었던 것입니다. 그러나 요즘은 다릅니다. 급변하는 환경 속에서 조직의 구성원들이 습득하고 적용해야 할 지식의 종류와 범위는 계속 증가되고 있는 추세입니다. 더군다나 자신이 알고 있던 지식이 잘못된 것으로 판명되거나 더 이상 쓸 수 없는 경우도 종종 있습니다.

그리고 지식을 제공하고 습득하는 주체가 조직에서 개인으로 변화되고 있다는 것도 학습조직이 필요한 이유입니다. 지금까지는 구성원들의 역량 및 직무수행 능력을 향상시키기 위해 HRD 조직이 주체가 되어 구성원들의 요구를 분석하고 이를 기반으로 다양한 교육과정이나 프로그램 등을 제공해왔습니다.

그러나 이제 조직 구성원들은 더 이상 HRD에서 제공되는 교육만 바라보고 있지는 않습니다. 과거에 비해 다양한 경로와 자원을 통해 직무 및 직책 수행에 요구되는 교육 콘텐츠에 대한 개별적인 접근이 용이해졌습니다. 더욱이 Micro contents, MOOC, MEET-UP 등과 같이 개인 또는 소규모 그룹 단위에 최적화된 교육 및 학습도 가능해졌습니다. 이처럼 개인의 요구에 기반하여 습득된 내용은 개인에게 있어 일종의 암묵적 지식이 되기도 합니다.

기업에서 학습조직, 즉 CoP가 필요하고 활성화되어야 하는 이유는 바로 여기에 있습니다.

잘 알고 있는 바와 같이 개인이 보유하고 있는 지식이나 경험은 제한적입니다. 그리고 현업에서 직무를 수행함에 있어 명시적 지식에 비해 상대적으로 암묵적 지식의 활용비중이 크고 빈도도 더 많습니다.

이런 측면에서 볼 때 CoP는 조직 내에서 개개인의 암묵적 지식과 명시적 지식이 선순환될 수 있는 일종의 학습 플랫폼으로써의 기능과 역할을 할 수 있습니다. 또한 조직 내 다양한 주제의 CoP가 활성화된다면 각각의 CoP간 융합 또는 연결고리를 찾아 시너지를 창출할 수도 있습니다.

학습자의 관심과 참여 그리고 자발성에 기반을 두지 않은 교육이나 학습은 이를 위해 투입되는 시간, 인력, 비용 대비 효과가 크지 않습니다. 그리고 현업에서 적용할 수 없거나 적용하기 어려운 내용은 학습자의 참여와 몰입을 이끌어내기 쉽지 않습니다. 이와 함께 조직 내 지식이 정체되거나 침체되는 환경에서는 창의, 혁신, 변화 등을 추구하여 조직의 성장을 추구하고 지속적인 경쟁력을 갖춘 조직을 만들기 어렵습니다.

이러한 문제나 이슈에 대응할 수 있는 방안 중 하나가 바로 CoP입니다. 뉴노멀new normal이라고 일컬어지고 있는 시대의 HRD는 공식적인 학습formal learning을 넘어 개인 및 조직이 비공식적인 학습informal learning을 통해 지식을 창출하고 공유하며 실행에 옮길 수 있는 방안을 모색하고 구현해나가기 위한 관심도 기울여야 합니다.

◆지식의 반감기

지식을 경제적 자원으로 인식하고 연구한 미국의 경제학자 프리츠 마흐럽Fritz Machlu이 소개한 개념으로서, 한 분야의 지식의 절반이 쓸모없는 것으로 바뀌는데 걸리는 시간의 길이를 일컫습니다.

즉, 지식반감기는 진실로 여겨졌던 지식에 허점이나 오류가 발견되거나 새로운 지식의 등장 등으로 인해 기존 지식의 유용성이 절반으로 감소되는 기간을 말합니다.

지식반감기를 정량적으로 측정하는 분야인 과학계량학 연구자이면서 하버드대학교 정량사회과학연구소 선임연구원인 새뮤얼 아브스만Samuel Arbesman 박사는 자신의 저서에서 각 학문의 지식반감기를 발표했습니다.

그의 연구결과에 의하면, 물리학의 반감기는 13.7년, 경제학은 9.38년, 수학은 9.17년, 심리학은 7.15년, 역사학은 7.13년 등으로 나타났습니다.

과학기술의 발달로 인해 현재 거의 대부분의 분야에서 지식반감기가 급격히 짧아지고 있는 추세이며, 이러한 현상에 대한 대응으로 새로운 지식을 학습하는 능력의 중요성이 강조되는 실정입니다.

from NAVER 지식백과

◆Informal learning

무형식 학습은 교육장소가 아닌 일터에서 이루어지는 학습활동으로 정의되는데, 일과 학습이 분리되지 않는 집단의 역동입니다.

서재교, 홍아정과 Ellinger의 연구에서도 무형식 학습은 조직에서 구성원들이 업무를 수행하는 과정에서 상사를 비롯한 다른 동료 구성원과 상호작용하고 업무의 경험을 쌓으면서 성찰하거나 배우는 비구조적인 활동이라고 설명되었습니다.

이러한 관점에서 무형식 학습은 사회적 자본의 호혜성 원칙에 의해 작동되고, 사회적 자본으로부터 증대된 상호협력, 공유가치에 의해 무형식 학습이 활성화된다는 것입니다.

이에 대한 예시로 Ellinger는 조직에서 학습을 촉진하거나 강화하기 위한 네트워크가 있으면 무형식 학습이 효율적으로 이루어진다고 밝혀냈고, Doornbos, Simons & Denessen은 조직에서 타인과 만나 상호작용할 기회가 많을수록 무형식 학습이 더욱 효과적으로 이루어진다고 강조하였습니다.

또한 이성엽도 조직에서 구성원 자신보다 업무에 대한 경험이 많은 동료와 업무를 토의하거나 기술을 배우게 될 기회가 많고, 코칭이나 멘토와의 관계가 잘 형성되어 있는 경우에, 무형식 학습에 긍정적인 영향을 미치며, 활성화된다고 설명하였습니다.

사회교환이론에 의하면 구성원들의 사회적 자본은 개인의 역량이 부족하거나 혼자의 힘으로 해결하지 못할 때 도움을 가져오는 무형의 자본을 사용할 수 있는데, 이는 호혜성의 원칙으로 상호협력, 지식공유, 신뢰의 관계가 형성되기 때문에 무형식 학습의 기반을 조성하게 됩니다.

박혜선, 이찬도 조직에서 구성원 개인의 특성과 함께 사회적 네트워크나 대인관계가 원활하게 형성되고 이를 통해 무형식 학습에 참여하게 된다고 설명하면서, 이들이 무형식 학습에 영향을 미치는 주요한 요인으로 다루어야 한다고 강조하였습니다.

또한 일터에서 개인의 지식은 공식적인 교육에서는 물론, 개인이 업무를 수행하는 과정에서 동료들과 상호작용을 통해서 습득되기 때문에 구성원들 간의 사회적 자본을 강화시켜야 합니다.

왜냐하면 구성원들이 형식적 학습을 통해 업무 경험, 업무능력, 업무숙련도를 습득하는 데에 20%에 불과한 반면, 무형식 학습을 통해 80% 정도의 지식을 습득하기 때문입니다.

이러한 무형식 학습은 일터 환경에서 이루어지는 구성원 개인들 간의 활동을 토대로 하였으며, 자신의 상사, 동료와 사회적 자본은 물론, 일터에서의 사회적 학습지원에도 영향을 받습니다.

또한 Niemela의 연구결과에 의하면, 무형식 학습은 조직에서 조직, 상사, 동료 구성원과의 사회적 자본 형성의 결과라고 확인되었습니다.

from 유현옥, 이의연, 오석영(2022). 조직 내 사회적 자본과 무형식학습, 혁신적 업무행동과의 관계 탐색: 직무특성의 조절된 매개효과 중심으로, 경영교육연구, 37(3), 29-62.

◆CoP

CoP실행공동체, 이하 CoP는 Lave & Wenger의 연구에서 처음 사용된 것으로 도제관계에서 초보자가 전문가와 삶을 공유하면서 자연스럽게 기술을 습득하며 동시에 소속 커뮤니티의 멤버십을 확보해 가는 과정을 설명하기 위해 사용되었습니다.

이러한 개념이 발전하여 최근에는 특정 주제에 대한 관심, 문제 또는 열정을 공유하는 사람들의 집단이며, 진행 중인 일에 대해 지속적으로 상호작용함으로써 해당 분야에서 자신의 전문성과 지식을 향상시켜 나가는 사람들의 집단으로 사용되었습니다.

즉, CoP라는 개념을 처음으로 사용했을 때는 구성주의 관점에서 상황적 학습이 발생하는 사회적 맥락을 지칭하던 개념이었으나 점차 지식경영을 수행하는 조직구조로 개념이 변화하게 된 것입니다.

특히 정보시스템을 중심으로 한 지식경영이 기대에 미치지 못한 결과를 보이자 대안으로 CoP를 더욱 주목하게 되었으며, 21세기를 선도할 대안적인 조직구조가 될 것으로 예측되었습니다.

CoP가 조직혁신을 위한 중요한 역할을 담당할 것으로 제안되는 이유 중 하나는 CoP에서 지식공유는 형식지, 즉 문서화된 지식에서 벗어나 노하우, 전문적 경험, 이야기, 언어, 행동, 기술 등과 같은 암묵지를 포괄하기 때문입니다.

또한 조직의 문제와 이슈들을 해결하는 데 있어서 사회적 맥락 속에 내재화되어 구성원들이 원 하는 목표를 성취할 수 있도록 지원하는 사회적 관계가 사회적 자본을 형성하는 역할을 하기 때문입니다.

CoP의 이러한 특성은 정보기술의 발전으로 온라인과 환경이 결합하면서 시너지를 창출하고 있어 그 중요성이 날로 증가하고 있습니다.

from 장희영, 고일상(2012). CoP 활동에 영향을 미치는 조직환경과 동기요인에 관한 연구, Entrue Journal of Information Technology, 11(3), 35-55.

Letter 22.
HRD에서도 필요한 리터러시가 있나요?

커뮤니케이션 측면에서 리터러시literacy는 일반적으로 읽기와 쓰기 등 전반적인 언어 구사력 및 문해력 등을 의미합니다.

그러나 기술과 통신 시스템을 비롯하여 다양한 애플리케이션application 등이 발달하게 됨에 따라 언어나 문자를 넘어 시각적인 이미지에 의한 의미의 생산과 전달이 확산되고 보편화되었습니다. 물론 이를 통한 커뮤니케이션도 익숙해졌습니다.

이러한 변화 속에서 전통적인 리터러시는 여러 분야에서 미디어 리터러시, 문화적 리터러시, 정보 리터러시, 디지털 리터러시 등 다양한 영역과 접목되어 사용되고 있습니다.

즉 오늘날의 리터러시는 문자 이외에도 영상, 사진, 소리, 미디어, 문화 등을 창조하고 읽어내는 능력까지 포괄하고 있다고 해도 과언이 아닙니다.

더군다나 커뮤니케이션의 대상과 범위 그리고 유형의 복잡성이 증대됨에 따라 의미를 입력encoding하거나 해독decoding하는 텍스트와 함께 인간의 감성과 지적 욕구를 자극하는 영상과 이미지를 근간으로 하는 비주얼 리터러시visual literacy에 대한 관심도 증가되고 있는 추세입니다.

지금은 일상에서 흔하게 접할 수 있는 인포그래픽infographics이나 카드뉴스card news, 그래피티graffiti 등은 물론, SNS에서 빈번하게 사용되는 이모티콘 역시 비주얼 리터러시의 한 부분이 될 수 있습니다.

이와 같은 비주얼 리터러시는 커뮤니케이션을 매개로 이루어지는 HRD영역에서도 관심을 갖고 접근해야 할 역량이기도 합니다.

HRD측면에서 볼 때 비주얼 리터러시는 학습자 개인의 의견을 자연스럽게 표출할 수 있는 하나의 장치가 될 수 있습니다. 특히, 다루고자 하는 내용이 말이나 글로 표현하기 어렵거나 불편한 경우라면 보다 더 효과적일 수 있습니다.

또한 비주얼 리터러시는 같은 시간, 같은 장소에서 같은 내용을 보더라도 개개인의 패러다임의 차이로 인해 발생하는 인식의 차이를 일정 부분 좁혀줄 수도 있습니다.

이와 함께 비주얼 리터러시는 학습에 대한 자발적 참여를 촉진시킬 수 있는 요인이 될 수도 있습니다. 특히 요즘과 같이 웨비나webinar를 비롯해 소셜 네트워킹이 활발해진 시점에서 비주얼 리터러시는 온라인상에서 제공되는 내용에 대한 개인의 이해 정도를 표현하고 공감대를 형성하고 확인하는데 도움을 줄 수 있습니다.

일례로 장문의 글을 쓰거나 남기지 않더라도 아이콘이나 이모티콘 등으로도 즉각적인 표현이 가능한 것을 떠올려보면 됩니다. 그리고 이와 같은 표현은 밀레니얼 세대나 Z세대가 선호하는 커뮤니케이션 방식과도 크게 동떨어져 있지 않습니다.

이렇게 생각해보면 HRD에서 비주얼 리터러시는 주로 교수학습방법 측면에서 접근되고 활용빈도가 높을 수 있을 것으로 여겨집니다. 하지만 이를 비주얼 커뮤니케이션visual communication의 영역으로 확장해보면 콘텐츠 기획 및 개발에 있어서도 얼마든지 새로운 시도를 해 볼 수 있는 계기가 될 수 있습니다.

그런데 이와 같은 리터러시는 고정적이지 않고 유동적입니다. 그리고 누적되고 통합되는 특성이 있습니다. 이는 리터러시 역량이 확보되었다고 하더라도 끊임없는 관심과 노력을 기울이지 않거나 학습하지 않으면 이내 일리터러시illiteracy, 리터러시의 반의어되는 상황에 직면할 수도 있다는 의미이기도 합니다.

실제로 말로만 커뮤니케이션했던 시대에 문자가 등장하면서 말하기가 사라진 것이 아니라 말하기와 더불어 글쓰기가 능력이 요구되었고 이후 인쇄매체의 발달로 인해 읽는 능력이 리터러시에 추가된 것을 보면 알 수 있습니다.

비주얼 리터러시라고 해서 다를 바 없습니다. 시각적 표현과 해석능력이라고 할 수 있는 비주얼 리터러시 역시 현대 사회에서 요구되는 리터러시의 한 부분이 된 것입니다.

비주얼 리터러시를 향상시키는 방법 중 하나는 노출빈도를 높이는 것입니다. 특히, 비주얼 형태의 커뮤니케이션에 익숙하지 않은 세대 및 대상이 있다면 우선적으로 접목시켜 볼 필요가 있습니다. 비주얼 리터러시의 인식 및 수준 차이가 다른 측면에서의 차이도 유발할 수 있기 때문입니다.

아울러 비주얼 리터러시는 미디어 리터러시와 디지털 리터러시와의 연결고리를 가지고 있고 상호 영향을 미칩니다. 따라서 이를 향상하기 위해서는 리터러시별 순차적으로 접근하기보다는 병렬적으로 접근해야 합니다. 그래야 리터러시별 이해도 및 시너지를 높일 수 있습니다.

◆미디어 리터러시

미디어 리터러시Media Literacy는 단순히 표현하자면 미디어media를 읽고 쓰는 능력literacy이지만, 현대 사회에서 미디어를 읽고 쓴다는 것이 의미하는 바는 넓습니다.

미디어 자체가 다양할 뿐만 아니라 미디어를 이용하는 방식 및 과정도 다양하기 때문에 미디어 리터러시 연구는 특정 형태의 미디어에 초점을 맞추어 "영상 미디어 리터러시", "뉴스 미디어 리터러시", "디지털 미디어 리터러시", "소셜 미디어 리터러시", "인터넷 리터러시", "스마트 미디어 리터러시" 등 다양한 개념을 사용하여 이루어지고 있습니다.

Buckingham은 미디어 리터러시를 미디어를 사용하고 해석하기 위해 요구되는 지식, 기술, 그리고 능력이라고 보았으며, 단순한 기능적 리터러시를 넘어서 분석, 평가, 그리고 비판적 성찰을 모두 포함하는 비판적 리터러시를 포함하는 개념으로 보았습니다.

미국의 미디어교육학회National Association for Media Literacy Education, n.d.에서는 모든 의사소통 형태를 사용하여 접근하고, 분석하며, 평가하고, 창조하며 행동하는 능력이라고 정의하였습니다.

유럽집행위원회는 미디어 리터러시를 미디어에 접근하고 받은 메시지를 평가하고, 능숙한 방법으로 메시지를 창출하고 커뮤니케이션할 수 있는 개인의 능력으로 정의하였습니다.

from 송미리(2022). 탐색적·확인적 요인분석을 통한 시민 미디어 리터러시 척도 개발 및 타당화 연구, 사회과교육, 61(3), 143-167.

◆정보 리터러시

미국도서관협회에 의하면 정보리터러시란 정보의 필요한 시기를 인식하여 유용한 정보를 찾아내고, 찾아낸 정보를 평가하여 의사결정이나 문제해결, 필요한 상황에 효과적으로 활용할 수 있는 능력을 의미합니다.

따라서 정보리터러시를 갖추었다는 의미는 첫째, 해결해야 할 과제가 무엇이고, 그리고 과제해결을 위해 활용할 수 있는 자료가 무엇인지 정확히 파악하고, 둘째, 적절한 자료탐색 전략을 세우며, 셋째 찾아낸 정보를 과제의 목적에 부합하게 재조직하고, 넷째 수집한 정보의 가치 및 과제와의 관련성, 적합성을 분석하는 등의 활동을 효과적으로 수행하여, 정보를 유용한 지식으로 전환시킬 수 있다는 것을 의미합니다.

즉 정보를 어디서 어떻게 찾아야 하는지를 아는 것뿐만 아니라 찾아낸 정보의 가치를 판단하고, 과제해결에 효과적으로 적용할 수 있음을 나타냅니다.

from 강재정(2010). 정보수용모델에서 정보리터러시 역량의 역할, 인터넷전자상거래연구, 10(4), 13-33.

◆ 디지털 리터러시

디지털 리터러시라는 용어를 처음 사용한 Gilster에 따르면 디지털 리터러시는 컴퓨터를 통해 다양한 출처로부터 찾아낸 여러 가지 형태 정보를 이해하고 자신의 목적에 맞는 새로운 정보로 조합하여 올바르게 사용하는 능력이라 하였습니다.

디지털리터러시 교육협회에서는 디지털 리터러시를 디지털 기술과 미디어를 활용하여 디지털 데이터 정보 콘텐츠를 소비 분석 관리 활용, 생산하고 건강한 디지털 시민으로서 지혜롭게 관계 맺고 소통하며 개인 발전과 사회 발전을 균형 있게 도모하는 역량으로 정의하였습니다. 이는 단순히 디지털을 이용한 정보 활용 능력이라는 개인적인 차원을 넘어 디지털 시민성에 대한 부분까지를 포괄하는 개념으로 확장된 것입니다.

from 이유미(2022). 디지털 시대 새로운 패러다임과 리터러시: 디지털 리터러시와 AI 리터러시를 중심으로, 교양학연구, 20, 35-60.

Letter 23.
HRD에서 버려야 하는 것은 무엇인가요?

제품에는 수명주기product life cycle라는 것이 있습니다. 일반적인 모습은 정규분포와 유사한 모양으로 나타납니다.

이와 같은 수명주기로 보면 제품별로 혹은 제조사별로 차이는 있지만 일정 기간이 지나면 고장이 잦아지고 상대적으로 수리비용도 증가하게 됩니다. 게다가 디지털 기기라면 최신의 소프트웨어가 설치되지도 않고 사용할 수 없는 경우도 있습니다.

그래서 현실적으로는 보유하는 것보다 폐기하거나 새로운 것으로 교체하는 편이 여러모로 유용할 때가 많습니다.

그러나 쉽사리 결정하지 못합니다. 제품에 미련이 남기 때문입니다. 이는 보유하고 있는 기간 대비 사용한 기간이 상대적으로 짧을 때 나타납니다. 그동안 덜 사용했으니 앞으로 많이 사용할 수 있을 것이라는 착각에서 비롯되기도 합니다.

그런데 현실은 그렇지 않습니다. 지금까지 사용하지 않았으면 앞으로도 사용하지 않을 가능성이 훨씬 큽니다. 옷장 속 옷 중에서 입지 않는 옷들을 보면 알 수 있습니다.

다음으로는 나중에 필요할 수도 있을 것이라고 생각하기 때문입니다. 이는 목적이나 목표가 있을 때에만 해당됩니다. 목적이나 목표가 있다면 필요한 시점도 어느 정도 가늠이 되고 어떻게 사용할 것인가에 대한 구상도 있지만 그렇지 않다면 나중이라는 말은 허울 좋은 단어에 불과합니다. 혹 집에 책이나 모아둔 자료들이 있다면 그것들이 장식은 아닌지 생각해보면 됩니다.

개인적인 추억이 담겨 있는 경우도 버리지 못하는 이유가 됩니다. 앞서 언급한 내용과는 조금 결이 다르기는 하지만 이 역시 중간 중간 정리하지 않은 상태라면 방치한 것과 다를 바 없습니다. 방치된 것은 관심 밖으로 밀려나게 되고 관리되지 않습니다. 이렇게 되면 켜켜이 먼지만 쌓일 뿐입니다.

이처럼 더 이상 사용하지는 않지만 버리지 못하고 있는 것들은 자연스럽게 어느 한 공간을 차지하게 됩니다. 이는 비단 물리적인 공간에만 해당되지는 않습니다. 보이지 않는 개인의 지적인 공간도 포함됩니다.

지적인 공간에서 버려지지 못하는 것들이 있다면 대개의 경우 과거의 경험이나 지식 등일 가능성이 짙습니다. 개인으로 보면 일종의 지식 혹은 경험의 창고라고 할 수 있는데 보이지는 않지만 이 공간 역시 물리적 공간과 마찬가지로 저장 용량이 있습니다. 그리고 개인별로 차이는 있겠지만 용량을 초과하는 내용은 더 이상 들어가지 않습니다.

아울러 그 공간에 한 치의 여유도 없이 빼곡히 채워져 있는 경우라면 원활한 순환도 이루어지지 않습니다. 다른 표현으로 해보면 새로운 조합이나 연결을 시도해 볼 수 없다는 것이기도 합니다.

이렇게 되면 채워져 있을 뿐 사용할 수 없는 상태가 됩니다. 더 군다나 이 상태에 있다면 새롭고 더 좋은 것이 있더라도 현재 채워져 있는 것을 빼내어 버리지 않는 이상 넣을 방법이 없습니다.

그래서 채우고 보유하는 것 이상으로 빼내고 없애는 것도 중요합니다. 이를 교육학이나 경영 현장에서는 폐기학습Unlearning이라는 용어로 설명하기도 합니다.

이는 새로운 지식에 대해 습득하기 전에 과거와 단절하려는 의식적인 노력을 의미합니다. 그리고 개인이나 조직 모두 새로운 역량을 개발하기 위해서는 새로운 것을 배우는 학습도 중요하지만 과거의 사고방식에서 탈피하고 낡은 것을 버리는 것도 중요하다는 것을 말합니다.

과거의 지식이나 경험 그리고 사고방식을 버리지 못하는 이유는 앞서 언급한 제품을 버리지 못하는 이유와 크게 다르지 않습니다. 이런 측면에서 볼 때 더 이상 사용하지 않는 제품을 버리지 못하는 것도 문제지만 더 이상 적용되지 않는 사고방식이나 사용할 수 없는 지식과 경험을 버리지 못하는 것도 문제입니다.

새로운 것으로 채우기 위한 첫 번째 행위는 정리를 해보는 것입니다. 정리를 하다 보면 버려야 할 것들이 나타납니다. 그리고 버리는 만큼 채울 수 있는 공간과 여력이 생깁니다.

두 번째 행위는 기록으로 남기는 것입니다. 버리기로 한 지식과 경험, 사고방식 등에서 핵심을 남기는 것입니다. 이렇게 하면 버리면 안 되는 것을 버리는 우를 피할 수 있습니다. 새 술은 새 부대에 담는다는 접근도 좋지만 그러기에 앞서 선별이 필요합니다. 무작정 버리는 것만이 능사는 아니기 때문입니다.

세 번째 행위는 재편성하는 것입니다. 지식의 구조가 될 수도 있고 경험이나 사고방식이 될 수도 있습니다. 같은 내용일지라도 어떻게 구성하고 편성하느냐에 따라 전혀 다른 결과를 가져오게 됩니다.

'한 해가 다 지나가도록 손대지 않고 쓰지 않는 물건이 쌓여있다면 그것은 내게 소용없는 것들이니(중략)' 법정 스님의 책인 〈아름다운 마무리에서〉에 나오는 글입니다. 이를 개인의 지적인 측면으로 생각해보면 어떨까요?

양질의 아웃풋out-put을 기대한다면 양질의 인풋in-put이 있어야 하고 이는 비워야 들어갈 수 있습니다.

이런 점에서 쉽지는 않겠지만 그동안 쌓아 왔던 지식과 경험 그리고 사고방식 중 더 이상 쓰지 않는 것이나 유효하지 않은 것들을 과감히 버려야 합니다.

이렇게 해서 생겨난 공간에 채울 수 있는 것은 생각보다 많고 유용하며 가치가 있습니다. 물론 이 역시 언젠가는 버려야 하겠지만 말이죠.

◆**제품 수명주기**

하나의 제품이 시장에 도입되어 폐기되기까지의 과정을 말합니다.

이 수명의 장단長短은 제품의 성격에 따라 다르지만 대체로 도입기·성

장기·성숙기·쇠퇴기의 과정으로 나눌 수 있습니다. 이 가운데 특히 기

업이 노력을 전개해야 할 부분은 도입기와 성장기이며 기업은 성장을

위해서 언제나 성장기에 있을 만한 제품을 라인에 끼워 두고 신제품

개발이나 경영의 다각화를 시도하여야 합니다.

from NAVER 지식백과

Letter 24.

HRD에서 성장할 수 있을까요?

"You can make anything by writing."

우리에게는 소설과 영화로 알려진 〈나니아 연대기〉의 작가 루이스Clive Staples Lewis가 한 말입니다. 실제로 우리는 글쓰기를 통해 많은 것을 할 수 있습니다. 그리고 이 말은 HRD분야에 몸담고 있는 이들에게도 마찬가지입니다.

HRDer로서 써봐야 할 글은 실용적practical 측면과 학문적academical 측면 그리고 단기적 측면과 장기적 측면에서 볼 때 네가지 정도로 나누어 볼 수 있습니다.

먼저 실용적이면서 단기적으로 써볼 수 있는 글은 메모memo입니다.

메모는 시간과 장소에 구애를 받지 않습니다. 그리고 초기 아이디어를 기록하고 HRD에서 다루고 있는 주제별 생각을 정리해 볼 수 있는 비교적 간단하면서도 유용한 글입니다. 메모를 하는 과정에서 콘텐츠 아이디어를 도출할 수도 있습니다.

메모할 수 있는 내용은 다양합니다. 책에 쓰여진 내용, 뉴스에 나온 내용, SNS에서 접한 내용을 비롯해서 세미나, 포럼, 학술대회 등 각종 모임에서 들은 내용과 갑자기 떠오른 생각도 포함됩니다.

메모를 하는 경우에는 가능한 개별화된 단위로 작성하며 출처를 명시하고 도식화하는 것이 좋습니다. 아울러 차후에 보다 유용하게 활용하기 위해서는 디지털 형태보다는 아날로그 형태로 기록하고 관리하는 편이 낫습니다.

이 때 메모하는 내용에 대해 스스로 검열filtering을 하거나 변형하기보다는 있는 그대로를 적는 것이 효과적입니다.

다음으로 실용적이면서 장기적으로 써볼 수 있는 글이 있습니다. 기사_{article}입니다.

기사를 쓰는 이유는 HRD트렌드 및 이슈를 제시하고 콘텐츠를 기획하고 개발하는데 있어 생각을 정리하는데 유용합니다. 조금 더 나아가면 일종의 퍼스널 브랜드_{personal brand}를 구축하는 것에도 도움이 됩니다.

기사는 HRD분야에서 관심을 갖고 있는 주제에 대한 자신의 생각이나 특정 대상이나 이슈에 대한 제언은 물론, 전문적인 내용을 쉽게 해석해 줄 수 있는 내용으로도 쓸 수 있습니다. 새로운 아이디어나 대중적으로 공유할 만한 내용도 다룰 수 있습니다.

HRDer로서 기사를 쓴다면 기승전결_{起承轉結}에 의한 구성과 함께 학습동기유발 전략으로 잘 알려진 ARCS모델을 응용해서 써볼 것으로 권장합니다.

간략하게 언급하면 독자들로 하여금 주제에 대한 관심_{attention}을 불러 일으키게 만들고 독자와 관련성_{relevance}이 있는 내용을 제시하는 것입니다. 그리고 기사를 읽으면서 독자들로 하여금 시도해 볼 수 있을 것 같다confidence 등과 같은 생각을 갖게 만들고 내용에 대한 만족감satisfaction을 줄 수 있도록 써보는 것입니다.

학문적이면서 단기적인 글을 쓴다면 연구논문research paper이 적절합니다.

연구논문은 관심 주제에 대한 자신만의 레퍼런스를 확보할 수 있고 현업에서 HRD 기획이나 실행을 하는데 있어 타당성을 확보해 줄 수 있습니다. 연구논문은 개인이 지니고 있는 전문성을 확보하거나 유지하는 데에도 도움이 됩니다.

연구논문을 쓰는 것에 대한 막연한 어려움과 걱정이 있다면 자신이 재학 또는 졸업시 썼던 리포트나 학위논문에서 시작해보는 것도 좋습니다. 학술대회나 세미나 등에서 발표했던 내용을 발판삼아 쓰는 것도 권장합니다. 현업에 있다면 특정한 프로젝트와 연계된 내용도 연구논문으로 발전시켜 볼 수 있습니다.

물론 연구논문은 메모나 기사와는 성격이 달라서 학문적, 연구방법론적인 측면에서의 신뢰도와 타당도가 일정 수준 이상 확보되어야 합니다. 연구에 대한 논의와 이론적, 실무적 시사점을 제시해야 하는 점도 빠지지 않습니다.

학문적이면서 장기적으로 글을 쓴다면 책book이 대표적입니다.

책은 개인의 전문분야를 개발하고 대외적으로 인정받을 수 있는 계기가 되기도 합니다. 이와 함께 출간을 통해 HRD 관련 네트워킹이 확장되기도 하고 퍼스널 브랜드의 대중화를 가져올 수도 있습니다. 혼자 쓰기가 어렵다면 함께 써보는 것도 좋습니다.

책으로 쓸 수 있는 내용은 개인의 생각을 담은 에세이essay도 될 수 있고 전문서적이나 실무실용서도 될 수 있습니다. 이를 위해 다독多讀, 다작多作, 다상량多商量은 기본입니다. 그리고 이는 HRD 분야에 있다면 글을 쓰지 않더라도 반드시 습관화되고 체화體化되어야 할 점이기도 합니다.

HRDer로서 쓴 글은 현업과도 연계됩니다. 글을 쓰는 과정이 곧 기획의 과정이고 완성된 글은 교육 프로그램이나 콘텐츠로 개발하는데 있어 하나의 계기가 될 수도 있습니다. 해당 주제에 대해 학습이 되는 것은 당연합니다.

더 나아가 자신이 생각하고 연구하고 조사한 내용에 기반해서 강의를 할 수도 있으며 이를 근거로 조직 내에서 새로운 프로젝트를 제안해볼 수도 있습니다.

이와 함께 HRDer가 글을 쓰게 되면 적어도 그 글에 담긴 내용과 관련해서는 진정성과 주도성 그리고 자발성 등을 기대해볼 수 있습니다.

첫 술에 배부를 수 없고 한 번에 되는 일은 그리 많지 않습니다. 그러나 한두 번 시도해보면 생각한 것만큼 어렵거나 불가능한 일이 아니라는 것을 알 수 있습니다.

그래서 HRDer로서 글을 쓰기로 했다면 가장 작은 단위인 메모부터 해 보기를 권합니다. 예를 들어 하루에 다섯 장 정도의 메모를 한다면 1년이면 1,800여 장의 메모가 쌓이게 됩니다. 이 메모만으로도 각종 형태의 글에 대한 주제와 내용 등을 떠올릴 수 있고 새로운 글을 구성할 수 있습니다.

혹 결과를 확인하고 싶다면 오늘부터 시도해보면 됩니다.

◆ 퍼스널 이미지와 브랜드

퍼스널 이미지란 퍼스널리티의 결정요인으로 설명된 개인의 인지적, 감정적, 의지적, 신체적 특질이 사회심리학적 측면의 자아로 형성되어 내재적 가치관과 외재적 행동, 태도 등으로 투영되는 시각적 형상이라고 할 수 있습니다.

퍼스널 브랜드란 개인이 가지고 있는 특성과 능력의 가치적 측면을 이상적 이미지로 객관화하여 대중에게 투사하는 것으로 개인을 상표화하여 정의하는 것이라고 볼 수 있습니다.

from 김미경(2011). 효과적인 퍼스널 이미지 구축을 위한 브랜딩 전략,
Journal of Fashion Business, 15(5), 87-102.

4050으로부터 받은 답장

존경하는 선배로부터 '비밀스러운 쪽지'를 받은 기분이다. 놀랍게도 여기에는 교육훈련 담당자라면 알아야 하는 많은 것과 현장 노하우가 빼곡히 적혀 있는 것이 아닌가. 나만 읽고 싶은 욕심이 저절로 생겨났다. 직원들에게 읽어보라고 권할만한 책이 생겨 너무 반갑다. 평소 그들에게 하고 싶었던 얘기가 이 책에 오롯이 담겨있기 때문이다. 교육생 뒤치다꺼리로 심신이 지쳤거나 새로운 교육과정을 개발하고 있다면 더 좋다. 책을 읽을수록 행복한 마음이 꿈틀대는 건 덤이었다. 차 한 잔을 사이에 두고 '솔루션 많은 선배님'과 얘기한 느낌이다. 한껏 귀를 쫑긋 세웠더니 멍멍해졌다. HRDer의 마음가짐에서부터 기본 지식, 최신 트렌드까지. 한 번 읽고 꽂아 둘 책이 아니다.

조명성 교수_국가공무원인재개발원

내가 학습하고 경험하고 지금도 수행하고 있는 HRD는 너무나 매력적인 일이다. 원래 매력적인 일이라는 게 경쟁자가 많아서 누구나 진입할 수는 있다. 그렇지만 단언컨데 HRD는 아무나 할 수 없는 일이고, 아무나 해서도 안되는 일이다. HRD의 본질을 명확히 알고, 미친듯이 좋아하는 사람들이 할 때에만 가시적인 성과가 나올 수 있는 영역의 일이다. 이 책은 현재 HRDer이거나 미래의 HRDer를 꿈꾸고 상상하는 사람들에게 필요한 지식과 인사이트를 선배의 편지와 원포인트 레스을 통해 알려준다. 이 책을 통해 HRD의 매력에 흠뻑 빠지고, 진정한 HRDer로서 각자 몸담고 있는 조직에서 경영진의 전략적 파트너가 될 수 있길 기대한다.

양병채 원장_해양수산인재개발원

20년의 경험과 지혜가 담긴 책. 저자는 사람과 육성에 대한 관심으로 오랜 기간 학계와 현업을 경험했습니다. 그런 고민을 인재개발이란 직무로 수행하며 구체화해온 학자이며 실무자입니다. 이 책은 인재육성뿐만 아니라 조직 성장을 위한 여러 고민도 함께 다루고 있습니다. 그리고 구체적인 고민 해결을 위한 여러 방법 및 이론을 풍부히 다루고 있습니다. 여러분의 역량 향상과 가치를 높일 수 있는 좋은 기회로 일독을 권합니다.

이중학 교수_가천대학교

HRD업무를 하는 사람들은 많은 고민을 갖고 있습니다. '교육생들에게 꼭 필요한 콘텐츠는 무엇일까?', '효과적으로 전달하기 위해서는 어떻게 해야 할까?' 등 HRDer로서 역할을 잘하기 위해 늘 생각하고 노력합니다. 이런 점에서 HRD를 시작하는 분들뿐만 아니라 더 잘하고 싶은 분들에게 이 책을 추천합니다. 실제 현장에서 교육과정을 개발하고 강의하면서 쌓아온 필자의 많은 노하우와 지식을 아주 편하게 얻을 수 있기 때문입니다. 'HRDer라면 반드시 알아야 할 내용들을 일목요연하고 쉽게 썼구나'라는 생각으로 단숨에 읽었습니다. 필요한 내용만 골라 읽어도 큰 도움이 될 겁니다. 교육에 관련된 업무를 하는 분들이라면 이 책으로 다양한 관점을 얻고 한 단계 성장하는 계기가 될 것이라고 확신합니다.

장용식 책임매니저_현대자동차

HRD에 대한 관심을 갖고 이 분야를 선택하고자 하는 이들과 현업에서 HRD 업무를 수행하는 이들에게 현업에서 느낀 생각을 담백하게 담은 저자의 편지는 HRD이론서 등에서는 접하기 어려운 현업에서의 생각과 경험 그리고 느낌을 전해주고 있습니다. 또한 HRD와 관련된 업무를 수행하면서 궁금한 내용들에 대해 정리된 답변을 듣기 어려운 경우가 많은데 이에 대해 편지글 형식으로 부드럽게 접근하고 있어 친근하게 다가옵니다. 아울러 HRDer로서 알아야 할 개념 등에 대해서는 추신을 통해 학술논문에서 제시된 내용을 출처와 함께 제공하고 있어 HRD에 대한 이해의 폭을 넓히는데 도움이 됩니다.

엄정일 실장_한국HRD협회

HRD 직무처럼 누구나 시작할 수 있지만 아무나 잘 할 수 없는 직무도 없다고 생각합니다. 저자는 HRD 직무자들에게 보내는 편지를 통해 마치 'HRD Mentor'로서 함께 고민을 들어주고 조언해 주는 내용을 시작으로 해서, 'HRD Consultant'로서 조직에서 HRD 업무로 인정받고 성장할 수 있는 다양한 방법과 구체적인 해결 방법에 대해 제시해 주고 있습니다. 총 24가지의 조언과 해결책을 읽어 내려가면서 달콤한 샘물처럼 만나게 되는 깊은 학문적 이론, 모델 및 다양한 키워드를 음미해 나가는 것도 이 편지를 읽으며 느낄 수 있는 짜릿한 경험이 될 것입니다.

정영재 박사_(주)LS People Lab

담담히 써내려 간 저자의 글 속에서 특유의 섬세함과 진심을 느끼게 되고 HRDer로서 제 자신을 되돌아보게 됩니다. 세상은 변하고 있습니다. 이 글을 읽는 분들이 그 중심에 서야 합니다. 애자일agile은 결코 조직과 기술에만 적용되는 단어가 아닙니다. 저자가 주장한 것처럼 HRDer는 민첩하게 움직여야 합니다. 비즈니스와 연계하고, 새로운 사람들을 만나고, 방대한 양의 책을 읽고 낯선 경험을 찾아 나서야 합니다. 새로 HRD를 시작하는 사람에게 현명한 선배로서, 이미 이 길을 걷고 있는 사람에게 다독여주는 동료로서 따뜻한 글을 안겨준 저자에게 감사함을 전합니다.

최현우 이사_비즈니스임팩트

HRD 업무를 해본 사람들이라면 한 번 쯤 고민해봤던 주제들을 저자의 경험을 바탕으로 짧은 편지글로 읽기 쉽게 정리한 책입니다. 그러다보니 나이든 선배의 꼰대스러운 라떼 이야기나 잔소리가 아니라 친구의 경험담으로 들리며 자연스레 고개가 끄덕여집니다. HRD를 시작하는 초심자 뿐 아니라 오랜 HRD 업무 속에서 고민과 갈등을 가진 수많은 동업자들에게 일독을 권하며 특정 주제에 대해 고민이 생길 때는 여러 번 곱씹어 보며 읽어볼 가치가 있습니다.

정진욱 팀장_KIA

대리만족이라는 말이 있다. 그대로 나의 만족이 아닌 타인의 만족을 나의 만족으로 느끼는 것이다. 저자는 나의 대리 만족이다. 언제나 내가 하고 싶었던 일을 한 발 먼저 시작하고 한 발 먼저 성취해 낸다. 혹자는 그런 후배에게 질투심이나 시기심이 나지 않느냐고 물어본다. 내 대답은 언제나 같다. "NEVER! ABSOLUTE NEVER!" 왜냐면 나는 그의 시작과 성공에 내 목표를 맞추기 때문이다. 이 책에는 그의 모든 HRD에 대한 사랑이 담겨있다. 그래서 난 또 하나의 대리만족을 충족했다. 이 책은 나를 포함한 HRD와 리더십에 대해서 대리만족을 느끼고 싶은 독자와 목표를 잃어버리고 현학적 미로에서 헤매고 있는 학자들에게 맞춤형이 될 것 같다. 편안하게 휴양지에서 대리만족을 느끼고 싶은 독자들과 현학적 미로에서 길을 잃고 잠시 주저앉은 나 같은 학자들에게 추천해보고 싶다.

황보근 박사_서강대학교 한국학선도센터

저자가 전하고자 하는 메시지는 분명하다. '더 나은 HRD담당자는 누구인가?' 그리고 '우리는 그러한 인재를 어떻게 육성하고 완성해 나아갈 것인가?' 이 책에 담겨있는 저자의 진심어린 메시지는 HRD담당자에게 깊이있는 울림으로 전해질 것이다. 새롭게 시작하는 HRDer 뿐만 아니라, C레벨의 HRD 임원들에게도 '우리는 누구인가?'의 핵심을 관통하는 인사이트는 선사할 것이다.

김종구 대표_파사컨설팅

처음에는 호기심에 읽었다. 그러나 읽을수록 빠져들었다. 고개가 끄덕여졌고 옆에 있던 후배들에게 추천도 했다. 내가 근무하는 부대에 초빙해 강연도 들었다. 읽을 때마다 들을 때마다 공감의 시간이었고 배움의 시간이었고 부러움의 시간이었다. 그러나 그럴수록 나 자신을 돌아볼 수 있어서 좋았고 새로운 목표를 세울 수 있어서 좋았다. 이번에 출간을 앞둔 책의 내용도 30년 넘게 군생활을 하고 꽤 높은 계급에 있는 나에게 큰 통찰을 주었다. 특히, 후배들에게 미래 비전을 심어줘야 하고 후배들의 역량 개발을 위한 정책을 수립해야 하는 나에게 지침을 제공해주었다. 그는 이제 이젠 부러움이 아니라 감사이고 자랑이다.

이재협 대령_육군

김희봉 박사의 HRD는 어렵지 않다. HRD 서적에서 흔히 볼 수 있는 이론 및 지식의 나열이 아닌 마치 동네 아는 형이 인생의 경험을 이야기하듯 실제 삶과 교육현장에서 부딪히고 고민하면서 얻어낸 교훈으로 가득 차 있기 때문이다. 그래서 더 값지고 실용적이다. 그러므로 기업의 HRD 담당자는 물론이고 해당 분야에서 커리어를 만들어 가고 싶은 강사나 초보자, 그리고 전문가들에게도 실질적인 노하우를 제공한다. 그러면서도 자주 사용하는 개념 및 용어에 대한 정리도 잊지 않았다. 그래서 입문서로서도 손색이 없다. 부디 많은 분들에게 널리 읽히는 좋은 책으로 기억되길 바란다.

서선우 수석_SK쉴더스

에필로그

HRDer로서 비상을 꿈꾸는 당신에게

야구나 축구 혹은 농구 등과 같은 구기 종목에서 간간히 상대 선수가 역동작reverse action에 걸리는 경우를 보게 됩니다.

이는 움직이려는 방향 또는 진행될 것이라고 예상되는 방향과 반대로 공이 날아와서 상대방이 미처 손을 쓰지 못하게 만들기도 합니다.

이와 같은 역동작을 야기하게 만드는 것은 그야말로 상대의 허를 찌르는 것이기도 하고 경기의 흐름을 바꾸기도 합니다.

그런데 이러한 역동작이 이제는 여러 분야에서 나타나고 있습니다. 그리고 이는 또 다른 의미에서 경기의 흐름을 바꾸거나 변화를 이끌어내기도 합니다.

이런 관점에서 많이 알려진 익숙한 용어 중 하나는 리버스 멘토링reverse mentoring입니다.

업무적 측면에서 멘토링은 조직 내 시니어senior가 주니어junior에게 업무를 알려주고 도와주는 모습인데 리버스 멘토링은 이에 대한 반대의 개념으로 주니어가 시니어를 멘토링하는 것을 의미합니다.

과거 GE에서 젊은 소비자들이 원하는 제품을 만들기 위한 감각을 향상시키기 위해 실시했습니다. 이후 세대 및 신기술에 대한 이해는 물론, 문화의 차이 등에서 오는 간격을 좁히는 등 다양한 분야에서 확대되고 있습니다.

마케팅 측면에서도 수 년 전부터 리버스 마케팅reverse marketing이 접목되고 있습니다.

이 역시 행위의 주체를 거꾸로 생각하는 것인데 과거에는 판매자 중심에서 소비자에게 접근했다면 이제는 역으로 잠재적 소비자가 판매자나 브랜드를 찾게 만드는 마케팅이라고 할 수 있습니다.

이는 특히 MZ세대로 일컬어지는 소비자들의 특성과 이들이 추구하는 가치 등과 맞물려 리버스 마케팅에 대한 관심과 효과를 견인하고 있습니다.

채용 역시 리버스에 노출되어 있습니다. 이른바 리버스 어플라이reverse apply, 역지원 현상이 하나 둘씩 나타나고 있는 것입니다.

역지원은 회사가 지원자를 면접하는 것이 아니라 지원자가 회사를 면접하는 형태라고 볼 수도 있습니다. 물론 아직까지는 인플루언서 등 소수의 개인에 의해 시도되고 있기는 하지만 개인의 역량이나 퍼스널 브랜드 등에 따라 점차 확산될 가능성이 큽니다.

그런데 이러한 리버스는 HRD에서도 나타나고 있습니다. 단적으로 플립 러닝flipped learning으로 알려진 거꾸로 학습은 리버스

티칭reverse teaching에 해당됩니다.

이는 교육의 주체가 교사에서 학생으로 바뀐 것이기도 하고 전통적으로 교실과 같은 물리적 환경에서 이루어져왔던 수업이 온라인과 혼합되어 다양한 형태로 변화되고 있다는 것이기도 합니다.

시도된 시점과 배경은 비교적 오래 전이지만 코로나19 상황으로 인해 빠르게 확산되었고 범위도 넓어졌습니다.

그리고 이와 같은 리버스는 점차 그 영역이 확장되고 있습니다. 또한 과거의 시선이나 경험으로 보면 어색하기도 합니다.

그러나 리버스는 새로운 기회를 창출할 수 있는 계기가 되기에 충분하며 문제를 해결하는 방법의 일환으로 접목되거나 적용하는데 적합합니다.

일례로 관계적인 측면에서 볼 때 고객 중심으로 생각하는 것이나 구성원의 입장에서 접근해보라고 하는 것 등도 이에 해당됩니다.

리버스로 생각하면 접근방식이 달라지고 실행하는 과정이 달라집니다. 업무나 관계 모두 접근과 실행이 달라지면 결과 역시 달라집니다. 그동안 보이지 않았던 것이 보이기도 합니다.

그래서 무엇인가 변화를 도모하고자 한다면 그리고 새로움을 추구하고자 한다면 지금까지의 관행과 익숙함에서 벗어나 거꾸로 보는 시도를 해 볼 필요가 있습니다.

상상을 해보는 것이 출발점이 될 수 있습니다. '만약에' 혹은 '만일' 등과 같은 조건을 붙여서 생각해보는 것도 도움이 됩니다.

누구에게나 처음은 어색하고 불편합니다. 걱정도 앞서게 됩니다. 하지만 변화는 대부분 이렇게, 역발상으로 시작됩니다.

HRD에 있어서도 거꾸로 보는 시도와 역발상을 해봐야 합니다. 그런데 이를 위해서는 바로 보는 것도 필요합니다. 이번에 전해 드린 편지가 HRD를 바로 보는 것을 넘어 거꾸로 보는 데에도 도움이 되기를 바랍니다.

HRD를 시작하는 당신에게

초판 1쇄 인쇄 2023년 4월 24일
초판 2쇄 발행 2024년 7월 19일

지은이 김희봉

기 획 이유림
편 집 최익성
교열 교정 최수경
마케팅 총괄 임동건
마케팅 지원 안보라
경영지원 임정혁, 이순미
펴낸곳 플랜비디자인

디자인 박규리

출판등록 제2016-000001호
주소 경기도 화성시 동탄첨단산업1로 27 동탄IX타워 A동 3210호

전화 031-8050-0508
팩스 02-2179-8994
이메일 planbdesigncompany@gmail.com

ISBN 979-11-6832-057-4 (03320)